KLAUS FÜSSER
INGA HÖLZER

DAS SCHLAUE BUCH

Ein Leitfaden für
Gesundheit, Lebensfreude
und Selbsterkenntnis

ARKANA
GOLDMANN

Umwelthinweis:
Alle bedruckten Materialien dieses Taschenbuches
sind chlorfrei und umweltschonend.
Das Papier enthält Recycling-Anteile.

Originalausgabe September 2002
© 2002 Wilhelm Goldmann Verlag, München
in der Verlagsgruppe Random House GmbH
Umschlaggestaltung: Design Team München
Umschlagfoto (Glücksbuddha):
Klaus Füsser/Inga Hölzer
Illustrationen und Fotos im Innenteil:
Klaus Füsser/Inga Hölzer
Redaktion: Ralf Lay
Satz/DTP: Martin Strohkendl, München
Druck: Elsnerdruck, Berlin
Verlagsnummer: 21614
WL · Herstellung: WM
Made in Germany
ISBN 3-442-21614-1
www.goldmann-verlag.de

1. Auflage

Für Ernst-Alfred, Merlin und Nina

Danksagung

*Wir bedanken uns bei
unseren Eltern,
unseren Lehrern,
unseren Klienten,
unseren Familienmitgliedern,
Freunden und Kollegen,
die uns bei diesem Buch unterstützt
und geholfen haben:*

Beate P., Claudia K., Corinna B., Donna, Edel,
Fatma D., Franz K., Gaby M., Georg M., Gusti,
Harald H., Hiltrud P., Jens W. B., Jörg St., Judith St.,
Jürgen St., Jutta R., Leela, Maria K., Marina M.,
Marlis S., Martin R., Michael S., Monika R., Olly,
Piet H., Pieter Q., Rainer B., Rainer S., Ralf G.,
Rudolf F., Ruth F., Sabine K., Sabine Q., Sabine W.,
Sebastian O., Thomas B., Tex, Ulla K.-G., Uschi P.
und Claudia.

Inhalt

Einleitung

Wenn Sie dieses Buch gekauft oder geschenkt bekommen haben, halten Sie etwas in den Händen, was Sie gut gebrauchen können. Wenn Sie wollen, wird *Das schlaue Buch* Sie begleiten und Ihnen auf Ihrem Weg helfen. Es ist jedoch das Leben, das Sie mit allem versorgt, was Sie für Ihr Wohlergehen und Ihr Wachstum brauchen. *Das schlaue Buch* möchte Sie unterstützen, dies zu erkennen und für sich zu nutzen.

Wir haben uns immer ein schlaues Buch gewünscht, ein Buch, das wir bei uns tragen können und dann aufschlagen, wenn wir einen guten Rat brauchen.

Wir haben dieses Buch erst einmal für uns geschrieben. Hier steht so ziemlich alles, von dem wir meinen, dass man es wissen sollte, um sein Leben grundsätzlich leichter meistern zu können. Schon beim Schreiben haben wir erfahren, dass uns dieses Buch eine gute Orientierung gibt. Und was für uns gilt, mag auch für Sie gelten. So soll *Das schlaue Buch* eine Art »Gebrauchsanweisung fürs Leben« sein, leben müssen Sie allerdings selbst.

Wir werden mit den Grundprinzipien des Lebens »Liebe und Angst« beginnen und in neun weiteren Kapiteln die wichtigsten Lebensthemen beschreiben. Dabei können Sie lernen, wie Sie mehr Liebe in Ihr Leben bringen und es damit freudiger und leichter gestalten. Und Sie werden erfahren, wie Sie Zeiten der Angst besser überwinden können.

Die meisten Kapitel sind in mehrere Abschnitte unterteilt. Am Ende des Buches finden Sie ein ausführliches, am Anfang ein kompaktes Inhaltsverzeichnis. Die Gliederung des *Schlauen Buchs* orientiert sich am Bagua, den acht Lebensthemen der chinesischen Feng-Shui-Lehre. Im Anhang finden Sie weitere Ausführungen zu diesem Thema.

Viele Themen werden mit praktischen Übungsvorschlägen abgerundet. Diese sollen Sie anregen, Weisheiten nicht nur zu verstehen, sondern auch zu fühlen und in Ihrem Leben anzuwenden.

»Der kluge Rat« erfasst am Ende eines Kapitels oder Abschnitts den Kern eines jeden Themas und hilft Ihnen mit praktischen Handlungsvorschlägen weiter.

Im Kapitel 11 »Kurz und gut« finden Sie das Wichtigste noch einmal zusammengefasst. Wenn Sie einen schnellen Rat brauchen, schlagen Sie doch erst einmal dort nach.

Mit einer kleinen Geschichte aus der islamischen Tradition wollen wir unsere weiteren Vorschläge zum Gebrauch dieses Buches einleiten:

»Ein Meister reiste mit einem Schüler. Der Schüler sollte sich um das Kamel kümmern. In der Nacht kamen die beiden müde zu einer Karawanserei. Zu den Pflichten des Schülers gehörte auch, dass er das Kamel anband. Er kümmerte sich aber nicht darum und ließ das Kamel draußen stehen. Er betete einfach zu Gott: ›Kümmere du dich um das Kamel‹, und schlief ein.

Am nächsten Morgen war das Kamel weg – gestohlen oder entlaufen, was auch immer passiert war. Der Meister fragte: ›Wo ist das Kamel?‹

Und der Schüler antwortete: ›Ich weiß nicht. Frag Gott. Ich habe Allah gesagt, er soll sich um das Kamel kümmern. Und ich war zu müde, also weiß ich nicht, was geschehen ist. Und außerdem bin ich nicht dafür verantwortlich, weil ich es Allah aufgetragen hatte, und zwar eindeutig! Du lehrst mich ständig: Vertraue auf Allah, also hab ich auf ihn vertraut.‹

Der Meister sagte daraufhin. ›Vertraue auf Allah, aber binde zuerst dein Kamel fest – denn Allah hat keine anderen Hände als deine.‹« (Nach: Osho, Neo-Tarot, Zürich 1993)

Wir schlagen Ihnen vor, erst einmal die Kapitel eins bis drei zu lesen, die wir unter das Motto »Vertraue Allah« gestellt haben. Dort behandeln wir grundlegende Lebenseinstellungen, die Voraussetzungen für viele Aussagen der darauf folgenden Kapitel sind.

»Binde dein Kamel an« fasst die nächsten beiden Kapitel zusammen, die Themen behandeln, die den Menschen vorrangig als Individuum sehen. »Vertraue Allah und binde dein Kamel an« ist die Devise des sechsten bis neunten Kapitels, in denen der »Mensch in der Gemeinschaft« betrachtet wird. Das Kapitel »Tod und Wandlung« hat schließlich »Vertraue Allah, auch wenn dein Kamel weg ist« zum Motto. Diese Kapitel stehen jeweils für sich und können dann gelesen werden, wenn die jeweiligen Themen für Sie relevant werden.

Lassen Sie sich auch von den Übungen inspirieren und machen Sie die, die Ihnen zusagen. Geben Sie sich jedoch genügend Zeit, damit Sie sie auch wirklich erleben und verinnerlichen können. In den ersten Kapiteln nehmen die Übungen viel Raum ein. Sie bieten eine Erfahrungsgrundlage für die im Buch folgenden Themen. Setzen Sie sich aber nicht unter Druck. Es macht gar nichts, wenn Sie die eine oder andere Übung auslassen und später ausführen.

Das meiste, was Sie in diesem Buch lesen, ist nicht neu, aber unsere Auswahl: Wir haben aus dem riesigen Angebot an Wissen und Weisheitslehren das ausgesucht, was uns sinnvoll schien und mit dem wir – oder in Ausnahmefällen sehr verlässliche Gewährspersonen – gute Erfahrungen gemacht haben. Wir hoffen, dass wir dies alles leicht verständlich und griffig für Sie aufbereitet haben.

Eine wichtige Erkenntnis, die sich bei unseren Arbeiten bestätigt hat, ist die folgende:

Was wirklich funktioniert, ist in allen Lehren gleich. Und es reicht nicht, das einfach nur zu wissen, allein das Leben und Erleben bringen den wirklichen Erfolg.

Das Wissen, auf das wir uns berufen, stammt unter anderem aus folgenden Bereichen:

- chinesische Gesundheits- und Ernährungslehre,
- Feng Shui und westliche Geomantie,
- Grundsätze des indischen Yoga,
- christliche und buddhistische Lebensweisheiten,
- Erkenntnisse der Psychologie,
- westliche Naturheilkunde und Alternativmedizin,
- Erfahrungen der humanistischen und der körperorientierten Psychotherapie,
- Erkenntnisse der Familientherapie und der Organisationsberatung,
- Vorschläge spiritueller Lehrer (unter anderen Byron Katie, Dalai Lama, Osho, Paul Lowe),
- allgemeine westliche Gesundheits- und Ernährungsgrundsätze.

Wir haben einen Fragebogen entworfen und ihn siebzig Menschen zugesandt, von denen wir das Gefühl hatten, dass sie etwas zu diesem Buch beitragen könnten. Wir bekamen dadurch wertvolle Impulse. Im Anhang ist der Fragebogen mit einer kurzen Auswertung abgedruckt.

Wenn Sie wollen, können Sie den Fragebogen beantworten, bevor Sie weiter im Buch lesen. Damit stimmen Sie sich ein und finden vielleicht schon Ansätze für Ihre eigenen, ganz persönlichen Lebensweisheiten, die Sie dann bei der Lektüre des *Schlauen Buches* weiter ausformen können.

Klaus Füsser und Inga Hölzer
im Frühjahr 2002

»Vertraue Allah«

Liebe und Angst

Liebe ist Wachsen und Gedeihen, Entwickeln, Erblühen und Früchtetragen, Ausdehnung und Weite; Angst ist Rückzug, Beschränkung, Enge.

Alle Gefühle lassen sich auf diese beiden Grundprinzipien zurückführen. Wenn wir in der Liebe sind, funktioniert unser Leben, denn Liebe ist, sich dem Leben hinzugeben. Wenn wir in der Angst sind, funktioniert es nicht, denn Angst ist Einschränkung des Lebens.

Wir atmen ein, wir atmen aus. Wir nehmen Nahrung auf, kauen, verdauen und scheiden aus. Wir sehen, hören, fühlen und sind berührt – wir leben.

Wir atmen flach ein, halten fest und atmen unvollständig aus. Wir kauen schlecht, verdauen nicht gut und verstopfen. Wir schauen flüchtig, hören nebenbei, verschließen Herz und Sinne – und verkümmern.

Liebe ist sowohl innere Haltung als auch Körpergefühl, die ja zum Leben sagen. Ja zu uns und den Menschen, die uns nahe sind, letztendlich ein Ja zu allen Wesen – ohne Bewertungen wie beispielsweise »Ich bin schlecht« oder »Du machst das falsch«.

Liebe ist ein Begrüßen der Existenz, die Freude darüber, dass ich da bin, dass du da bist, dass wir in dieser Welt leben, lernen und Erfahrungen machen können. Wir spüren die Liebe, wenn unser Körper entspannt und locker ist, vielleicht ein intensives Gefühl oder gar feines Kribbeln auf der Haut, ein Leuchten in den Augen oder auch ein

Berührtsein, das Tränen hervorlocken kann. Vielleicht fühlen wir die Liebe am deutlichsten im Herzen, in der Brust, wenn wir uns weit, leicht und offen fühlen. Ein »enges Herz« kann uns krank machen, »großherzig« macht das Leben Spaß.

Angst hat viele Formen. Angst vor Neuem ist nicht ungewöhnlich. Und Furcht vor tatsächlichen Gefahren ist angemessen und kann unser Leben retten. Doch wenn unser Dasein grundlegend von Angst bestimmt ist, macht sie uns unfrei. Wir verspannen uns, werden innerlich eng und schaffen Distanz zu anderen Menschen und zum Leben überhaupt. So wie Liebe schön macht, macht Angst dann grau. Angstbestimmte Haltungen drücken sich beispielsweise in folgenden Worten aus: »Das Leben ist hart«, »Ich bin ein Opfer der Umstände« oder »Ich muss mich durchschlagen«.

Wir sind unseren Ängsten jedoch nicht ausgeliefert. Denn Angst, die bewusst wahrgenommen, gezeigt und ausgedrückt wird, kann sich auflösen. Wir können lernen, mit der Angst umzugehen. Sie braucht unser Leben nicht einzuschränken.

Dankbarkeit ist eine Form der Liebe, denn Dankbarkeit öffnet und erweitert Ihr Leben. Dankbarkeit für das, was ist, zeigt Ihnen die vielen Schönheiten des Lebens und führt Sie aus der Angst und Enge zu Reichtum und Fülle.

Den Körper spüren

Nehmen Sie sich etwa eine Stunde Zeit. Tragen Sie bequeme Schuhe und lockere Kleidung. Gehen Sie in einen Park, in die Natur oder auch in ein schönes Wohnviertel.

Gehen Sie langsam und entspannt. Atmen Sie eine Zeit bewusst in den Bauch. Dann wenden Sie Ihre Aufmerksamkeit Ihren Füßen zu, nehmen Sie wahr, wie Sie den Boden berühren. Machen Sie das eine Zeit lang und gehen immer weiter. Jetzt können Sie beobachten, ob Ihre Knie locker sind, ob Ihr Becken schwingt, ob Ihr Po angespannt ist. Was machen Ihre Schultern, Ihr Kiefer? Alles ein bisschen viel auf einmal? Egal, machen Sie einfach weiter!

Atmen Sie tief, berühren Sie bewusst den Boden und beobachten Sie, wie das Gehen Sie und Ihren Körper entspannt. Spüren Sie, wie Sie sich Schritt für Schritt, Atemzug für Atemzug dem Zustand der Liebe annähern?

Negative Haltungen erkennen

Machen Sie eine Liste mit Sprüchen und Redewendungen, die Sie oft benutzen. Unterstreichen Sie die in einer Farbe, mit denen Sie sich beschränken, die, mit denen Sie andere Menschen negativ bewerten, in einer anderen. Entscheiden Sie sich, ob Sie die unterstrichenen Formulierungen weiter benutzen wollen.

Freundlich sein

Seien Sie freundlich! Schenken Sie den Menschen auf der Straße Ihr Lächeln! Einfach so! Sie werden sich wundern, wie sich auch Ihre Laune hebt.

Der kluge Rat

1. Das Leben meint es gut mit Ihnen und allen anderen Wesen. Sie dürfen das machen, was Sie wirklich gerne möchten.
2. Genießen Sie Ihr Leben. Seien Sie dankbar für das, was ist. Freuen Sie sich auf das, was kommen wird.

Literaturtipps

Canfield, Jack/Hansen, Mark Victor: *Hühnersuppe für die Seele. Geschichten, die das Herz erwärmen.* München 1996

Fromm, Erich: *Die Kunst des Liebens.* München 2000

Jampolsky, Gerald G.: *Lieben heißt die Angst verlieren.* München 1996

Riemann, Fritz: *Grundformen der Angst.* München 2000

Lebensweg

Wozu bin ich auf dieser Welt? Warum habe ich diesen Körper mit seinen ganz besonderen Eigenschaften? Wieso habe ich gerade diese Eltern bekommen? Wie kann ich mein Leben gestalten, damit ich mich wohl fühle?

Beginnen wir mit dem Allgemeinen, mit dem, was für alle Menschen gleichermaßen gilt. Dies sind dann die Informationen, die im Groben die Richtung geben. Bei der Suche nach den Feinheiten eines ganz persönlichen Weges ist dann jeder auf sich gestellt. So gehen wir alle zusammen und doch auch jeder für sich. Wir können uns helfen, ermutigen, trösten, Erfahrungen austauschen – gehen müssen wir jedoch allein.

Im nächsten Kapitel, »Weisheit«, vermitteln wir dann ein Rüstzeug, das man bei seiner persönlichen Suche gut nutzen kann. Wir zeigen, welche inneren und äußeren Haltungen das Auffinden des individuellen Pfades erleichtern.

Nun aber zum Allgemeinen, zur grundsätzlichen Orientierung: Das Ziel aller Menschen ist zu erkennen, dass Liebe und Ausdehnung die Grundprinzipien des Lebens sind.

Liebe ist immer da – wenn wir sie nicht spüren, halten wir uns von ihr fern. Mit Ängsten, Sorgen, automatischen Denk- und Handlungsmustern haben wir eine Mauer aufgebaut, die uns den Blick auf eine wunderbare Wirklichkeit verstellt. Wir sagen vielleicht: »Das Leben ist schwer«,

»Das schaff ich nie«, »Ich muss perfekt sein«, »Was Hänschen nicht lernt, lernt Hans nimmermehr«, »Mit uns kann man's ja machen«, »Kannst du das beweisen?«, »Wie kann man sich nur so verhalten?«, »Immer machst du ...« usw.

Doch wir sind nicht allein, sondern stehen in Beziehung mit unseren Mitmenschen und unserer Umwelt. Wenn wir freundlich und offenen Herzens sind und die Dinge, die wir tun, mit Freude und Optimismus machen, ziehen wir positive Energien an. Diese stärken unser Wohlbefinden und verbessern die Erfolgsaussichten unserer Handlungen. Wir können uns also für den positiven Regelkreis der Freude (dies wäre dann der Himmel auf Erden) oder für den Teufelskreis der Frustration (die Hölle auf Erden) entscheiden.

Es ist wichtig, dass jeder bei sich anfängt. Wenn wir uns zum Positiven verändern, helfen wir, dass sich auch die Welt zum Positiven wandelt. Selbst wenn unsere Umwelt unfreundlich scheint, können wir freundlich bleiben. Wenn wir der Welt Gutes tun wollen, müssen wir uns selbst wohl fühlen und an unserem Leben Freude haben. Das, was wir missmutig, pflichtbewusst und lieblos machen, wird uns, unseren Mitmenschen und der Welt nicht nützen.

Das Leben meint es gut mit uns. Alles, was passiert, hat einen Sinn und dient unserer Entwicklung. Schmerz und Leid haben nur den Zweck, uns unangemessene Einstellungen oder Lebensumstände bewusst zu machen, damit wir unseren Weg finden oder zu ihm zurückkehren.

Wenn wir dies erkennen, können wir Krankheiten und Schicksalsschläge gelassener akzeptieren und für unsere Entwicklung nutzen. Das ist das Beste, was wir für unsere Heilung tun können. Selbst wissenschaftliche Untersuchungen zeigen, dass Optimisten länger leben, weniger in Unfälle verwickelt und finanziell erfolgreicher sind als Pessimisten.

Wenn wir uns mit Sorgen und Befürchtungen beschäftigen, geben wir unseren Ängsten Energie und trauen uns vieles, was uns möglich wäre, nicht zu. Wir haben Angst, uns zu blamieren, uns zu verletzen, übervorteilt zu werden, Fehler zu machen. So verharren wir in unseren engen vier Wänden, schauen mürrisch drein und schimpfen auf die böse Welt.

Es ist nicht schlimm, sich ungeschickt anzustellen, sich ein wenig wehzutun, ein paar Euro zu verlieren oder Fehler zu begehen. Hauptsache, man folgt dem, was einen anspricht und anregt. Denn es ist das Leben, das einen ruft. Was andere denken und sagen könnten, wird einem vielleicht nicht egal, aber man kümmert sich einfach nicht mehr so viel darum. Man wird geschickter und traut sich zunehmend mehr zu. Fehlermachen gehört zum Lernen, zur Weiterentwicklung. Und um etwas Schönes zu erfahren, nimmt man Anstrengungen gern in Kauf.

»Ich kann nicht tanzen«, »Ich kann nicht malen«, »Ich kann nicht singen«, »Ich kann nicht fühlen«, »Ich kann mich in einer großen Gruppe nicht ausdrücken«: Das stimmt so nicht! Vielleicht hat man sich jahrelang nicht getraut, ist ungeübt und holperig. Man fängt einfach an, in einer Gruppe etwas zu sagen, schwitzt vielleicht, wird rot, stammelt ein paar Worte. Aber man geht vorwärts, stoppt sein Einrosten, ölt seine Talente und kann sich freuen, etwas gewagt zu haben. Man hat den Teufelskreis durchbrochen und den Kreis der wachsenden Lebensfreude betreten.

Eigentlich gibt es keine Fehler. Was auf der Seite der praktischen Lebensumstände als Fehler erscheint, kann auf der seelischen Seite aufrütteln und ein Schritt zum Erwachen sein. So betrachtet uns auch unser Innerstes, unsere Seele, und das Äußerste, der Kosmos, in Liebe und Wohlwollen: denn wir haben das getan, was uns in einer bestimmten Situation mit unserem Wissen und unseren Fähigkeiten möglich war.

Wir sind dennoch verantwortlich für unser Handeln und müssen die Konsequenzen daraus tragen. Daher ist es empfehlenswert, aufmerksam zu sein, seinen Eigensinn zu zügeln und sein Tun dem Fluss des Lebens anzupassen. Dazu aber Weiteres im nächsten Kapitel.

Der kluge Rat

3. Wenn Sie sich unwohl fühlen, ist Ihr Leben nicht im Gleichgewicht. Was könnten Sie aus dieser Situation lernen und anders machen?

4. Kümmern Sie sich um *Ihre* Angelegenheiten. Sorgen Sie sich nicht zu sehr um die Ihrer Mitmenschen und um Dinge, auf die Sie keinen Einfluss haben. Haben Sie Mitgefühl mit Ihren Mitmenschen, aber leiden Sie nicht mit ihnen.

Die Vergangenheit klären

Schreiben Sie Situationen aus der Vergangenheit auf, die Sie sehr schmerzhaft fanden. Haben einige dieser Ereignisse aus Ihrer heutigen Sicht nicht doch einen Sinn gehabt, sich auf Ihr jetziges Leben positiv ausgewirkt, oder sind sie gar ein rechter Glücksfall gewesen?

Spielen Sie jetzt mit dem Gedanken, dass das, was Ihnen immer noch wehtut, vielleicht auch einen Sinn hatte.

Sinn finden

Gibt es im Moment etwas, das Sie in Ihrem Leben sehr belastet? Unterstellen Sie dem Leben einfach mal, dass es Ihnen gut gesinnt ist. Was könnte sich an Positivem aus dieser Situation entwickeln?

Seien Sie kreativ und notieren Sie auch die verrücktesten Ideen!

Bei sich bleiben

Wenn Sie jemand unfreundlich behandelt, bleiben Sie mit beiden Füßen ruhig auf dem Boden stehen. Atmen Sie erst einmal tief durch, bevor Sie reagieren. Seien Sie freundlich, aber bestimmt. Sie müssen nicht unbedingt zurückschimpfen, Sie müssen sich nicht rechtfertigen und Sie müssen sich auch nichts gefallen lassen.

Sagen Sie vielleicht: »Ich wünsche mir, dass Sie mich freundlicher behandeln.«

Literaturtipps

Anthony, Carol K.: *Handbuch zum klassischen »I Ging«*. München 1989

Boerner, Moritz: *Byron Katies The Work: Der einfache Weg zum befreiten Leben*. München 1999

Caddy, Eileen: *Herzenstüren öffnen*. Gutach im Breisgau 1989

Walsch, Neale Donald: *Gespräche mit Gott*. Band 1–3. München 1997, 1998

Weisheit

Weisheit ist, zu wissen, was im Leben wirklich wichtig ist, und dieses auch anzuwenden. Weisheit ist beweglich, immer im Wandel. Was heute gilt, gilt morgen vielleicht nicht mehr. Was für den einen stimmt, ist für den anderen weniger passend. Deshalb sind unsere Vorschläge Hypothesen, die Sie für sich ausprobieren können, und daher gehört zur Weisheit, offen zu sein und immer wieder Neues zu erlernen.

Wie wir mit unserem Körper im Leben stehen, ist unsere äußere, wie wir denken, unsere innere Haltung. Äußere und innere Haltung sind über das Fühlen miteinander verbunden. Wenn wir Positives denken, fühlen wir uns wohl, und unser Körper erblüht. Wenn wir unseren Körper schlecht behandeln, fühlen wir uns unwohl und verfallen in trübe Gedanken.

Wir legen uns eine aufrechte innere Haltung zu und werden nach einiger Zeit das Bedürfnis haben, uns auch äußerlich gerade zu halten. Üben wir, mit beiden Füßen auf dem Boden zu stehen und tief zu atmen, werden wir allmählich auch innerlich standfest und gelassen.

INNERE HALTUNG

Erinnern wir uns an das letzte Kapitel, in dem wir festgestellt haben, dass Liebe die Haltung des Lebendigseins ist.

Vielleicht treffen Sie jetzt noch einmal die Wahl, sich

für diese Haltung, die des Lebens, zu entscheiden. Machen Sie sich klar, dass Sie seit Ihrer Empfängnis im Mutterleib da sind, um zu leben, und nicht, um zu sterben.

Es ist eine Tatsache: Sie sind hier, Sie haben es so gewollt, und das Leben hat es so gewollt. Sie sind herzlichst willkommen auf dieser Welt, und das Leben möchte, dass Sie das bekommen, was Sie brauchen, und dass Sie Ihr ganzes Potenzial ausschöpfen.

Schöpfer Ihrer Welt

Sie haben sich entschieden, so zu leben, wie Sie gerade leben. Sie haben Ihre Wohnung gewählt, Ihren Arbeitsplatz ausgesucht, Ihre Freunde kennen gelernt und Ihren Partner erkoren. Sie haben Ihren Körper und Ihren Geist genährt und gepflegt. So sind Sie der/die geworden, der/die Sie gerade sind.

Sie sind der Schöpfer Ihrer Welt: Sie sehen Ihre Umwelt durch die Brille, die Sie sich zugelegt haben. Wenn Sie glauben, das Leben sei schwer, dann fühlt sich Ihr Leben schwer an. Wenn Sie sich wertlos fühlen, wird Ihre Umwelt Sie auch so behandeln. Wenn Sie meinen, reich wird man, indem man andere Menschen ausbeutet, haben Sie nur die Wahl zwischen »arm und edel« und »reich und gemein«. Beides sind keine Haltungen, die Sie glücklich machen.

Akzeptieren Sie die Welt, in der Sie leben. Sie ist genau so, wie Sie sie gerade brauchen. Schätzen Sie sich dafür wert, dass Sie das gemacht haben, was Ihnen möglich war.

Tragen Sie die Verantwortung, dass Sie der Urheber Ihrer Lebenssituation sind. Wenn Sie die Umstände, Ihre Eltern, schlechte Zeiten, die Politik oder das Wetter für Ihren Zustand verantwortlich machen, werden Sie zum Opfer, das sich jeder Handlungsmöglichkeit beraubt. Vielleicht fühlen Sie sich schlecht behandelt, um Ihr »gutes Recht« gebracht, doch verabschieden Sie sich von solchen Einstellungen, mit denen Sie sich nur am Unglück festhalten.

Wenn Sie sich als Urheber Ihrer Lebenssituation sehen, können Sie sie auch jederzeit so verändern, dass Sie glücklich und zufrieden sind. Vermutlich ist dieser Zustand dann auch mit Gesundheit, einer liebevollen Partnerschaft, harmonischen Beziehungen zu Mitmenschen und einem angemessenen Wohlstand verbunden. Vielleicht haben Sie aber auch ein »schweres Schicksal«, das Ihnen besondere Aufgaben auferlegt. Auch dann dürfen Sie glücklich werden und den Sinn Ihrer außergewöhnlichen Bestimmung erfahren.

Alles, was Sie der Welt geben, bekommen Sie auch wieder zurück. Alles, was Sie der Welt verweigern, wird auch Ihnen nicht gegeben. Wenn Sie freundlich sind, ernten Sie Freundlichkeit, wenn Sie freundlich tun, ernten Sie das Gefühl, was dahinter steckt. Wenn Sie Ihren Partner einengen, weil Sie Angst haben, verlassen zu werden, wird er Sie verlassen – entweder indem er sich innerlich zurückzieht oder Sie tatsächlich verlässt. Wenn Sie Sport nicht aus Freude betreiben, sondern aus der Befürchtung, ansonsten krank zu werden, erhöhen Sie Ihre Verletzungsgefahr.

Halten Sie sich mit Bewertungen zurück, verurteilen Sie keinen anderen Menschen, kritteln Sie nicht an Ihren Partnern, Kindern und Freunden herum. Schätzen Sie Ihre Mitmenschen einfach dafür wert, dass sie in Ihrem Leben sind und dass sie Ihr Leben bereichern.

Sagen Sie es, wenn Sie sich über jemanden freuen, teilen Sie mit, wenn Ihnen etwas gut tut und sagen Sie auch, wenn Sie sich verletzt fühlen. Bedenken Sie aber, dass *Sie* sich verletzt fühlen und Ihr Gegenüber Sie in den meisten Fällen gar nicht verletzen wollte.

Was Sie von Ihren Mitmenschen denken und was Sie Ihnen sagen, hat etwas mit Ihnen zu tun. Wenn Sie über Ihre Partner nörgeln, sind Sie es, der unzufrieden ist, und nicht Ihr Partner, der etwas falsch macht. Was für Sie falsch scheint, könnte für einen anderen Menschen gerade richtig sein.

Übungen

Probleme lösen

Betrachten Sie Ihr jetziges Leben. Dazu stellen wir einige Fragen und empfehlen Ihnen, die Antworten aufzuschreiben:

- Gibt es etwas, was Ihnen nicht gefällt?
- Wem haben Sie bisher die Schuld daran gegeben?
- Wie sind Sie in diese Situation geraten?
- Welche Alternativen hat es dazu gegeben?
- Warum haben Sie keine dieser Alternativen gewählt?
- Haben Sie vielleicht auch Vorteile dadurch, dass die Situation gerade so ist, wie sie ist?

32

- Wollen Sie auf diese Vorteile wirklich verzichten?
- Wägen Sie Vor- und Nachteile ab und entscheiden Sie sich, ob Sie die alte Situation beibehalten oder verändern wollen.
- Wenn Sie nichts verändern wollen, ändern Sie Ihre Einstellung und betrachten Sie die Situation mit Wohlwollen.
- Wenn Sie etwas ändern wollen, beginnen Sie jetzt.
- Tragen Sie nun die Verantwortung für die Situation.

So können Sie Stück für Stück Ihre »Probleme« betrachten und sich von ihnen befreien.

Im Voraus danken

Wenn Sie Gott, das Universum oder Ihr Schicksal um etwas bitten wollen, tun Sie es nicht aus einer Haltung des Mangels (»Bitte gib mir …«), sondern aus einer Haltung des Vertrauens (»Danke, dass …«).

Günstig ist es, wenn Sie sich ganz genau vorstellen, wie Ihre Zukunft aussieht und Ihr Wunsch bereits in Erfüllung gegangen ist. Bedanken Sie sich schon jetzt dafür. Damit erschaffen Sie im spirituellen Raum eine Realität, die sich dann in der materiellen Welt manifestieren kann.

Dies wird Ihnen gelingen, wenn Sie mit ganzem Herzen dabei sind. Und oft gelingt es selbst dann, wenn Sie noch kleine Zweifel haben.

Falls sich Ihre Zweifel jedoch hartnäckig halten, gehen Sie ihnen auf den Grund und lösen Sie sie auf. Gelingt Ihnen dies nicht, bitten oder beten Sie um Unterstützung.

Hier und jetzt

Unser Leben findet in der Gegenwart statt. Alles Spüren und Fühlen geschieht in diesem Augenblick. Auch Gedanken an Vergangenes und Zukünftiges passieren jetzt.

Unser Körper nimmt mit all seinen Sinnen Informationen auf, unser Geist filtert davon einen bestimmten Teil heraus, verarbeitet ihn und meldet dem Körper, was als Nächstes geschehen soll.

Gedanken an die Vergangenheit bringen unseren Geist dazu, immer wieder nach dem gleichen Muster zu arbeiten, immer wieder die Erfahrungen der Vergangenheit zu wiederholen. Das ist sehr praktisch, da wir auf früher Erlerntes zurückgreifen können und Zeit und Energie sparen, statt uns jedes Mal neu orientieren zu müssen. Oft engt es uns aber auch ein, da wir in dieser Haltung neue Möglichkeiten als unwichtig oder beängstigend einstufen und aus unserer Wahrnehmung filtern.

Kritisch wird das besonders dann, wenn wir uns mit negativen Erfahrungen und Schuldgefühlen belasten. Dies kann unseren Blick so einengen, dass wir überwiegend Negatives wahrnehmen und folgerichtig dann auch erleben.

Lernen Sie aus Ihren Erfahrungen, schränken Sie sich aber nicht dadurch ein.

Wie ist eine negative Erfahrung entstanden? Gelten jetzt noch die gleichen Randbedingungen? Was haben Sie dazugelernt? Was könnten Sie ganz anders machen?

Jeder Tag ist ein neuer Tag und Sie haben in jedem Augenblick eine neue Chance!

Plagen Sie sich mit Schuldgefühlen? Was Sie alles falsch gemacht haben? Wen Sie verletzt haben? Wie würde Ihr Leben in wunderbaren Bahnen verlaufen, wenn Sie damals nicht …!

Lassen Sie es los! Das Vergangene ist vorbei und wird nur wieder lebendig, wenn Sie es in die Gegenwart holen.

Nehmen wir an, letzte Woche war Ihnen etwas sehr peinlich und Sie hatten es schon vergessen. Plötzlich treffen Sie einen Menschen, der bei der Situation anwesend war. Sie erinnern sich und fühlen die Peinlichkeit wieder. Jetzt ist das Gefühl in der Gegenwart. Was damit machen?

Atmen Sie gut durch, halten Sie sich aufrecht, lächeln Sie und sagen Sie beispielsweise: »Hallo – war mir das letzte Woche peinlich«, und öffnen sich für ein kurzes Gespräch. Dann sind Sie das Gefühl vermutlich los. Wenn Sie sich jedoch rechtfertigen oder die Situation zu sehr ausbreiten, geben Sie dem negativen Gefühl neue Kraft und erhalten es am Leben.

Sie haben Menschen in der Vergangenheit verletzt, sind Verpflichtungen nicht nachgekommen, haben Ihre Gefühle nicht ausgedrückt? Verurteilen Sie sich nicht dafür, bringen Sie in Ordnung, was Sie immer noch beschäftigt. Stehen Sie für das gerade, was Sie ausgelöst haben.

So ersetzen Sie das Konzept »Schuld« durch »Verantwortung«. Auch wenn Sie Leid über sich und andere gebracht haben, nutzt es niemandem, wenn Sie sich bestrafen. Schwächen Sie sich nicht, tun Sie lieber tatkräftig Gutes.

Machen Sie sich auch keine Sorgen um die Zukunft. Manchmal neigen wir dazu, schwarzzusehen und beschäftigen uns mit all den unangenehmen Möglichkeiten, die auf uns zukommen könnten. Damit nehmen wir uns die Kraft, im Hier und Jetzt das zu tun, was angemessen wäre, um eine schöne Zukunft zu kreieren. Zusätzlich vermiesen wir unsere Laune derart, dass wir die eigentlich ganz schöne Gegenwart vor lauter dunklen Wolken nicht mehr sehen.

Sie werden sich wundern, wie schön die Gegenwart ist, wenn Sie aufhören, sich mit Schuldgefühlen (Vergangenheit) und Sorgen (Zukunft) zu plagen. Leben Sie jetzt!

Wenn sich Schuldgefühle und Sorgen hartnäckig halten, akzeptieren Sie, dass es so ist, denn Unabgeschlossenes und Verdrängtes kommen immer wieder. Nehmen Sie jedes Gefühl kurz zur Kenntnis, fühlen Sie es einen Moment ganz intensiv und geben den Emotionen dann aber keine weitere Energie, indem Sie sich noch länger damit beschäftigen. Lassen Sie das Alte los!

Martin Luther sagte dazu: »Wir können nicht verhindern, dass die Vögel der Melancholie unsere Köpfe umkreisen, wir können jedoch verhindern, dass sie ihre Nester darin bauen.«

Übungen

Schuldgefühle loslassen

Wenn Sie ein Schuldgefühl haben, nehmen Sie es zur Kenntnis und sagen Sie sich: »Ich habe ein Schuldgefühl, weil ... und weiß, dass es Schuld nicht gibt. Stattdessen übernehme ich Verantwortung und bringe meinen Teil in Ordnung.«

Stellen oder setzen Sie sich so, dass Sie mit beiden Beinen fest auf dem Boden sind, oder legen Sie sich entspannt auf den Rücken. Atmen Sie tief in den Bauch, lächeln Sie und beobachten Sie den Fluss Ihres Atems. Genießen Sie für einige Zeit die Gegenwart.

Sorgen loslassen

Wenn Sie Sorgen haben, nehmen Sie sie zur Kenntnis und sagen Sie sich: »Ich mache mir Sorgen. Ich weiß, dass ich nicht weiß, was die Zukunft bringt. Ich erledige das, was zu tun ist, und schaue meiner Zukunft freudig entgegen.«

Stellen oder setzen Sie sich so, dass Sie mit beiden Beinen fest auf dem Boden sind, oder legen Sie sich entspannt auf den Rücken. Atmen Sie tief in den Bauch, lächeln Sie und beobachten Sie den Fluss Ihres Atems. Genießen Sie für einige Zeit die Gegenwart.

Aufmerksamkeit

Alles Leben findet in der Gegenwart statt. Üben Sie nun Ihre Aufmerksamkeit und wie sich das Hier und Jetzt anfühlt.

Sie sehen, hören, spüren sich und Ihre Umwelt. Schauen Sie einfach, beobachten Sie, betrachten Sie die Dinge in ihrer ganzen Vielfalt. Erlauben Sie sich, langsam zu gehen, mal dahin zu schauen, wo Sie sonst nicht hinschauen, mal auf Geräusche zu hören, die Sie sonst an sich vorbeirauschen lassen. Bemerken Sie, dass ein Geruch in der Luft liegt, spüren Sie den Wind auf Ihrer Haut?

Sie können auch nach innen schauen. Wie berühren Ihre Füße den Boden? Ist es nicht interessant, wie der Atem Ihren Bauch hebt und senkt? Schmecken Sie etwas auf der Zunge?

Ist das nicht eine Vielfalt und lebendige Fülle? Nehmen Sie alles einmal ganz intensiv wahr, ohne zu werten, ohne zu unterscheiden zwischen gut und böse, nützlich oder unnütz.

In dem Moment, in dem Sie bewerten, holen Sie Ihre Erfahrungen aus der Vergangenheit und betrachten damit die Gegenwart. Das, was eben noch interessant war, wird jetzt verblassen, weil Sie ihm die Aufmerksamkeit entziehen.

Das Beobachten ohne Bewertung ist wie das offene Schauen eines Kindes, das bereit ist, zu lernen und neue Erfahrungen zu machen. Für uns ist es immer wieder gut, dies zu üben. So verlassen wir unser gewohntes Wahrnehmungsraster, öffnen uns für neue Erfahrungen, erweitern unseren Horizont und spüren, was das Leben von uns will.

Unser Leben möchte sich entfalten und erweitern. Dies geht nur, wenn wir uns neuen Eindrücken öffnen und uns auch Zeiten geben, unsere Welt ohne die Filter der Vergangenheit zu betrachten.

Erinnern Sie sich: Sie sind der Schöpfer Ihrer Welt, und alles, was passiert, hat einen Sinn. Seien Sie aufmerksam. Ihr Leben ist wie ein großes Buch mit all den Informationen, die Sie brauchen. Was möchte das Leben Ihnen sagen? Was könnten Sie loslassen? Wohin könnten Sie sich wenden?

Die Welt ist voller Sinneseindrücke, oftmals übervoll. In dieser Sinnesüberflutung kann es schwer sein, noch zu erkennen, was für Ihr Leben wichtig ist. Reduzieren Sie diese Informationsflut. Machen Sie das Radio aus, stellen Sie den Fernseher ab, meiden Sie Menschenansammlungen, in denen gelärmt oder geplappert wird. Halten Sie Abstand zu Menschen, die Probleme kultivieren und überwiegend Negatives sehen.

Sie können Ihren Mitmenschen behutsam und freundlich mitteilen, dass Sie sich mit ihnen nicht über Probleme unterhalten, sondern über die positiven Möglichkeiten des Lebens austauschen wollen. Verwenden Sie aber keine Energie darauf, Ihr Gegenüber zu ändern. Sie verlieren nur die Kraft, sich dem Positiven zuzuwenden. Verändern Sie sich, Ihre Mitmenschen können selbst entscheiden, was für sie angemessen ist. Sagen Sie, was Sie bewegt, zeigen Sie Ihre Gefühle. Damit tun Sie sich Gutes und setzen für Ihre Mitmenschen Impulse. Das reicht – zerren Sie nicht an Ihren Eltern, Kindern und Partnern, bleiben Sie bei dem, für das Sie zuständig sind: Ihre persönliche Weiterentwicklung.

Wenn Sie neue Pläne, Ideen oder Träume haben, die Sie verwirklichen wollen, sprechen Sie nur mit Menschen darüber, die Sie in Ihren Vorhaben unterstützen. Hüten und pflegen Sie diese Pflänzchen, bis sie stark und kräftig sind. Nehmen Sie sich nicht die Energie, indem Sie Ihren

Bedenken zu viel Raum geben oder Ihre Ziele von anderen zerreden lassen. Seien Sie auch hier aufmerksam und achten Sie immer wieder darauf, ob ein Kontakt mit einem anderen Menschen Sie stärkt oder schwächt.

Nehmen Sie sich immer wieder Zeit, sich ganz in die Stille zurückzuziehen. Gehen Sie in der Natur spazieren, setzen Sie sich an einen schönen Platz oder meditieren Sie. Sie brauchen diese Zeiten, um zu sich zu finden, um sich zu spüren und die Verbindung mit Ihrem Inneren, Ihrer Seele, Gott (oder wie Sie es immer nennen möchten) aufzunehmen.

Übungen

Beobachten

Nehmen Sie sich eine Stunde Zeit und gehen Sie irgendwo spazieren. Gehen Sie eine Zeit lang bewusst (langsam, tief atmen, aufmerksam mit den Füßen den Boden berühren).

Nun schauen Sie das genau an, was Ihnen auffällt: Häuser, Bäume, Pflanzen, Tiere oder einfache Gegenstände wie Laternen, Papierkörbe, Briefkästen.

Beschreiben Sie diese Dinge kurz in Ihrem Inneren und sagen Sie sich: »Das ist ein Baum«, »Das ist eine Bank« oder »Das ist ein Hundehaufen«.

Lassen Sie mal die Bewertungen wie: »Das ist schön«, »Das ist dreckig« oder »Das gehört hier nicht hin«.

Sehen Sie die Dinge wie ein Maler, für den alle Objekte wertvoll sind, denn er kann alles verwenden, um ein interessantes Bild zu gestalten.

Nach innen schauen

Suchen Sie sich einen Platz, an dem Sie einige Zeit still sitzen können. Sie können einen Stuhl benutzen oder auf dem Boden im Schneidersitz oder auf den Knien sitzen.

Machen Sie es sich bequem, brauchen Sie vielleicht noch ein Kissen? Achten Sie darauf, dass beide Füße – falls Sie auf einem Stuhl sitzen – mit der ganzen Sohle den Boden berühren und dass Ihr Po guten Kontakt zum Untergrund hat. Setzen Sie sich gerade hin, strecken Sie Ihre Wirbelsäule. Ihre Hände legen Sie sanft auf den Knien ab.

Schließen Sie die Augen, atmen Sie tief in den Bauch und beobachten Sie Ihren Atem. Machen Sie das einige Zeit. Hören Sie Geräusche, riechen Sie etwas, schwirren Gedanken durch Ihren Kopf? Nehmen Sie alles zur Kenntnis, lassen Sie es wie einen Film weiterlaufen, bis der nächste Gedanke, das nächste Geräusch kommt.

Halten Sie an keinem Gedanken fest, malen Sie sich keine Geschichten aus und bewerten Sie nicht, was an Eindrücken auf Sie zukommt.

Achtsamkeit

Manchmal ist unser Leben von Hektik und Unruhe geprägt. Wir haben so viel vor, wollen vieles auf einmal erledigen, scheinen einen Berg von Pflichten zu haben.

Das verführt dazu, unachtsam zu sein, uns und unseren Mitmenschen nicht die rechte Aufmerksamkeit zu geben. Wir fühlen uns nicht in den Lauf der Dinge ein. Wir hören nicht auf unsere innere Stimme, gehen über unsere Gefühle und die anderer Menschen hinweg, behandeln unsere Umwelt lieblos und ziehen Dinge mit Gewalt durch.

So trennen wir uns von der Erde, ihren Bewohnern und letztendlich uns selbst ab. Im Kleinen sind es die achtlos weggeworfenen Zigarettenkippen, das heruntergeschlungene Essen, die Haushalts- und Verkehrsunfälle, die Streitereien mit unseren Mitmenschen. Im Großen haben wir es dann mit Umweltverschmutzung, BSE, Reaktorunfällen und Krieg zu tun.

Halten Sie einen Moment inne! Was ist wirklich wichtig von den Dingen, die Sie gerade tun und die Sie sich vorgenommen haben? Konzentrieren Sie sich darauf, was unbedingt gemacht werden muss, und auf das, was Ihnen Freude macht.

Vielleicht lassen Sie dann einige Dinge, die »man so tut«, die Sie aus Pflichtgefühl machen oder zu denen Sie schon lange keine Lust mehr haben. Es ist nicht Ihre Aufgabe, sich aufzuopfern oder gar das zu tun, was eigentlich die Angelegenheit von anderen ist.

Beginnen Sie mit dem, was für Sie eine Bedeutung hat und wovor Sie sich aber am liebsten drücken würden. Wie oft haben Sie sich mit überflüssigen und unwichtigen Dingen beschäftigt, nur um diesen wichtigen Aufgaben aus dem Weg zu gehen. Kein Wunder, dass Sie so wenig Zeit hatten!

Machen Sie das, was Sie zu tun haben, aufmerksam und mit Freude, dann werden Ihnen die Dinge leicht gelingen.

Manchmal erscheint einem etwas sehr anstrengend. Vielleicht hört man das immer wieder oder hat früher selbst diese Erfahrung gemacht. Mit dieser Einstellung wird man sich dann schnell erschöpft fühlen. Seien Sie auch hier achtsam, vielleicht sind Sie noch gar nicht so ermüdet und ausgelaugt, wie Sie eingeplant haben? Sie werden sich wundern, zu was Sie alles fähig sind, wenn Sie das machen, was Ihnen Freude bereitet.

Erinnern wir uns auch daran, mit unseren Mitmenschen achtsam umzugehen und sie nicht zu verurteilen. Wissen wir, was in ihnen vorgeht, was sie erlebt haben, welche Sorgen sie tragen?

Wenn Sie Mitgefühl mit anderen haben, lernen Sie auch, sich selbst zu akzeptieren. Alle Eigenschaften, über die Sie sich bei anderen Menschen aufregen, haben Sie auch selbst oder zwingen sich mit viel Strenge zu einem genau entgegengesetzten Verhalten. So verurteilen Sie sich im Grunde selbst, wenn Sie Ihren Nächsten abwerten.

Übungen

Was ist wichtig?

Machen Sie eine Liste mit Ihren Alltagstätigkeiten. Sortieren Sie:
• Was ist lebenswichtig?
• Was macht das Leben angenehm?
• Was macht mir Freude?
• Was ist für meine Zukunft von Bedeutung?
• Was mache ich aus Verpflichtung?
• Was mache ich aus Langeweile?

- Was macht mir keinen Spaß?
- Wobei könnte ich mir Hilfe holen?
- Was müsste ich nicht so oft machen?
- Was ist unwichtig?
- Was erledigt sich von allein?

Vielleicht lassen Sie all die Tätigkeiten, die Ihnen nicht gut tun. Den Rest akzeptieren Sie einfach und machen ihn mit Freude oder üben dies.

Vermutlich werden Sie viel Zeit gewinnen. Machen Sie etwas Schönes damit.

Stress loslassen 1 (innere Haltung)

Wenn Sie Stress haben und Ihnen alles zu viel wird, stellen Sie sich vor, dass Sie in einem Zug sind, der gerade abgefahren ist und der in die völlig falsche Richtung fährt. Der Zug fährt noch langsam, sodass Sie abspringen können. Tun Sie es! Nicht erst in zehn Minuten oder einer Stunde. Entspannen Sie sich, und Ihr Leben wird sich wieder fügen.

Stress loslassen 2 (äußere Gegebenheiten)

Wenn Sie in eine Stresssituation geraten, weil zu viele Informationen auf Sie einströmen (beispielsweise Arbeitsbesprechung, hektische Familiensituation), setzen Sie Prioritäten: Was ist notwendig, was muss sofort gemacht werden?

Atmen Sie tief durch und erden Sie sich. Das, was sofort gemacht werden muss, entscheiden und tun Sie spontan. Für alles andere bitten Sie um Aufschub und entscheiden später.

Ja sagen

Sagen Sie ja zu dem, was das Leben Ihnen anbietet. Öffnen Sie sich für die Möglichkeiten, die eine Situation Ihnen eröffnen könnte. Spüren Sie, wie dieses Angebot auf Sie wirkt, sagen Sie nicht automatisch nein. Zieht es Sie weiterhin an, bleiben Sie bei Ihrem Ja, passt es Ihnen nicht, sagen Sie nein.

Sie haben den Impuls, an einer Blume zu riechen. Sie haben Lust, auf einem Mäuerchen zu hüpfen. Sie haben die Idee, einen Bettler anzulächeln und ihm Geld zu geben. Sie verspüren überhaupt kein Interesse, dem Kellner ein Trinkgeld zu geben. Ihnen liegt auf der Zunge, etwas zu sagen. Eine vor einiger Zeit gemachte Verabredung spricht Sie gar nicht mehr an. Sie werden spontan zu einem Kaffee eingeladen. Sie fühlen sich von jemandem berührt und könnten das sagen. Sie sind in einem Gespräch und finden Ihren Gesprächspartner so langweilig, dass Sie gehen möchten.

Folgen Sie Ihren Impulsen! Das bringt Ihr Leben in Schwung und in die Richtung, in die Sie sich entwickeln wollen. Wenn Sie offenen Herzens durchs Leben gehen, sehen Sie, wohin Ihr Weg führt. Wenn Sie Ihre Sinne verschließen und nur nach alten Mustern leben, erstarren Sie allmählich.

Von einem unserer Lehrer haben wir die Anregung erhalten, sich immer mal wieder folgende Fragen zu stellen, um zu sehen, inwieweit wir unsere Lebenssituation bejahen:

- Bin ich an dem Ort, an dem ich sein möchte?
- Bin ich mit den Menschen zusammen, bei denen ich sein möchte?
- Mache ich die Arbeit, die ich tun möchte?

Falls Sie Nein-Antworten haben, überlegen Sie, ob Sie damit leben können und wollen. Wenn nicht, ändern Sie die Situation oder aber Ihre Einstellung dazu. Wenn Sie Ihre Arbeit nicht mögen, aber nicht kündigen wollen, fangen Sie an, sie zu mögen. Alles andere wird Sie nur unglücklich machen. Lernen Sie in diesem Umfeld und stellen Sie sich nach einiger Zeit die Fragen erneut.

Schritt für Schritt

Wenn wir in unserem Leben vor etwas Neuem stehen, können wir – selbst dann, wenn wir uns sehr darauf gefreut haben – von Ängsten ergriffen werden. In allen bedeutenden persönlichen Entwicklungsschritten betreten wir erst einmal unsicheren Boden. Wir verlassen das Vertraute und befinden uns eine Zeit lang in einem Schwebezustand, in einer Art Niemandsland, bevor das Neue stark genug ist, uns wieder Sicherheit zu geben. Herzklopfen, Schweißausbrüche, Schlaflosigkeit, Niedergeschlagenheit, Weinen und akute Krankheiten können in diesen Zeiten ganz normal sein und werden gehen, wenn der Entwicklungsprozess vollzogen ist.

Oft verharren wir lange im Alten, weil das Neue so bewegend ist. Vielleicht gehen wir einen Schritt vor, spüren unsere Angst und ziehen uns erschrocken ans vertraute Ufer zurück. Letztendlich müssen wir aber weitergehen, das Alte funktioniert auf Dauer nicht mehr.

Der Prozess der Entwicklung läuft fast immer gleich ab, und es ist gut zu wissen, dass nach der Verwirrung die Lösung kommt. Das Einzige, was die Erlösung verhindern kann, ist Stehenbleiben.

Akzeptieren Sie Ihre Gefühle, Ihre Unsicherheiten und Ihre Ängste. Lassen Sie sich aber nicht von ihnen aufhalten. Gehen Sie weiter, selbst wenn Sie weiche Knie haben. Bewusst gehen, tief atmen, Gefühle zeigen, sich künstlerisch ausdrücken, einen regelmäßigen und gesunden Alltag führen, sich mit verständigen Freunden treffen, liebevoller Sex, sich therapeutische und/oder spirituelle Unterstützung holen, Mantras singen und beten sind viele Möglichkeiten, mit denen Sie Ihren Prozess fördern und erleichtern können.

Was steht als Nächstes an?

Wenn Sie sich emotional geschüttelt fühlen, akzeptieren Sie erst einmal, dass dies im Moment so ist. Seien Sie aufmerksam und spüren Sie ganz genau, wie sich alles anfühlt. Geben Sie Ihren Gefühlen Gelegenheit, sich angemessen auszudrücken: Weinen Sie, aber steigern Sie sich nicht in Weinkrämpfe, hauen Sie mit Ihren Fäusten auf dicke Kissen, aber nicht auf einen harten Tisch, schreien Sie, aber nur da, wo Sie niemanden stören.

Achten Sie darauf, dass Ihre Füße guten Bodenkontakt haben

und atmen Sie tief. Tun Sie ganz langsam das, was sinnvoll ist, was man normalerweise so macht und was nicht schwierig ist: Blumen gießen, Wäsche waschen, essen gehen, Akten sortieren, jemanden besuchen, einen Termin beim Hausarzt/Heilpraktiker machen, einen Termin absagen, Fahrrad fahren, werkeln.

Machen Sie alles jetzt, für diesen Augenblick. Das erdet Sie und gibt wieder Halt unter den Füßen.

Der kluge Rat

5. Sie sind der Schöpfer Ihrer Welt. Erschaffen Sie Harmonie, Freude und Wohlbefinden.
6. Leben Sie im Hier und Jetzt. Lassen Sie Vergangenes los, sorgen Sie sich nicht um die Zukunft.
7. Üben Sie Ihre Sinne und Ihre Aufmerksamkeit. Was will das Leben gerade jetzt von Ihnen?
8. Wenn Sie Stress haben, hören Sie sofort damit auf. Tun Sie nur das, was wirklich wichtig ist. Bleiben Sie im Hier und Jetzt und machen Sie das, was zu tun ist, entspannt und Stück für Stück.
9. Regen Sie sich nicht über andere Menschen auf, verurteilen Sie niemanden. Üben Sie Mitgefühl.
10. Folgen Sie Ihren Impulsen, drücken Sie Ihre Gefühle aus, wenden Sie sich dem zu, was Sie anzieht.
11. Treffen Sie sich mit anderen. Suchen Sie sich Menschen, mit denen das Leben Freude macht und die Sie innerlich berühren.
12. Bleiben Sie auf Ihrem Lebensweg nicht stehen, wenn Sie sich unsicher fühlen. Seien Sie aufmerksam und gehen Sie langsam Schritt für Schritt weiter.

ÄUSSERE HALTUNG

Wir fühlen uns in unserem Körper wohl, wenn wir guten Kontakt zum Boden haben, uns aufrecht halten, beschwingt bewegen und entspannt das aufnehmen, was uns nährt, und ebenso entspannt das loslassen, was wir verbraucht haben.

In den Übungen zur inneren Haltung haben wir Wesentliches zur äußeren Haltung angesprochen (Atem, Bodenkontakt, Entspannung). Vielleicht möchten Sie noch einiges mehr ausprobieren und weitere Erfahrungen machen.

Übungen

Anspannen und loslassen

Setzen Sie sich auf einen Stuhl oder legen Sie sich auf den Rücken. Atmen Sie ein und spannen Sie alle Muskeln an. Verharren Sie einige Sekunden. Lassen Sie dann los, atmen Sie aus und entspannen Sie sich. Wiederholen Sie dies noch zweimal. Gönnen Sie sich danach einige tiefe Atemzüge in entspannter Haltung.

Auflockern

Suchen Sie sich einen Raum, in dem Sie sich bewegen können und sich unbehelligt fühlen.

Gehen Sie beschwingt durch den ganzen Raum, nutzen Sie den Platz, der Ihnen zur Verfügung steht. Bewegen Sie Ihre Arme, wackeln Sie mit Schultern und Becken. Machen Sie das, was Ihr Körper will. Sie können boxen, stampfen, sich schütteln. Ziehen Sie Grimassen und machen Sie seltsame Geräusche. Lassen Sie sich immer wieder etwas Neues einfallen. Machen Sie diese Übung mindestens zehn Minuten.

Entspannt stehen

Stellen Sie sich aufrecht und bequem so hin, dass beide Füße gleichmäßig den Boden berühren. Ihre Füße sollten dabei etwa schulterbreit auseinander sein und parallel stehen. Schütteln Sie sich, ziehen Sie Grimassen und machen Sie komische Geräusche.

Bleiben Sie jedoch mit den Füßen auf dem Boden. Nach einiger Zeit werden Sie wieder ruhig und atmen tief und bewusst in den Bauch. Achten Sie jetzt darauf, dass Ihre Knie locker und ein wenig gebeugt sind. Durchgedrückte Knie lassen die Energie nicht fließen.

Spannen Sie nun Ihre Po- und Unterleibsmuskeln an und lassen Sie sie wieder los. Wiederholen Sie das einige Male. Jetzt ahnen Sie vielleicht, wie sich ein entspannter Beckenboden anfühlt.

Bleiben Sie noch ein wenig entspannt stehen, vergessen Sie, ob Sie alles richtig machen. Genießen Sie einfach, so zu stehen, wie Sie gerade stehen.

Lächeln

Wenn wir unsere Lachmuskeln benutzen, werden von unserem Körper Hormone produziert, die Wohlbefinden erzeugen. Selbst ein seltsam aussehendes Grinsen hat den gleichen Effekt. Lächeln Sie einfach mal eine halbe Minute. Sie können diese Übung auch machen, wenn Sie sich beispielsweise in einer Besprechung geärgert haben. Gehen Sie auf die Toilette und grinsen Sie ein wenig.

Anders machen

Erweitern Sie Ihre körperlichen Möglichkeiten, indem Sie Dinge anders machen.

Putzen Sie mal mit der rechten, mal mit der linken Hand Ihre Zähne, nutzen Sie überhaupt öfter Ihre ungeübte Hand. Legen Sie Ihre Brille eine Zeit lang zur Seite und orientieren Sie sich in einer verschwommenen Welt. Gehen Sie rückwärts, vielleicht auch die Treppe herauf, gehen Sie barfuß oder auf Zehenspitzen, imitieren Sie den Geh- oder Tanzstil anderer. Öffnen Sie Zimmertüren mit den Füßen, halten Sie die Luft an, üben Sie, auf dem Kopf zu stehen. Was fällt Ihnen sonst noch ein?

Sie können diese Übung erweitern, um Ihre innere Beweglichkeit zu trainieren. Bringen Sie Ihre automatischen und alltäglichen Handlungsabläufe durcheinander: Stehen Sie etwas früher auf, verändern Sie die Reihenfolge Ihrer Tätigkeiten im Bad, setzen Sie sich zum Frühstück auf einen anderen Stuhl, gehen Sie auf einem anderen Weg zur Arbeit. Machen Sie auch dort etwas anders und gehen Sie woanders essen. Fahren Sie nach der Arbeit nicht sofort nach Hause (bzw. sofort nach Hause) und machen Sie etwas Besonderes.

Bauen Sie diese Übung in Ihr Leben ein, indem Sie regelmäßig den einen oder anderen Handlungsablauf verändern.

Wenn Sie zum Perfektionismus neigen, bauen Sie mal kleine Fehler in Ihr Leben: Wie wär's mit einem Fleck auf der Krawatte oder Bluse? Wenn Sie etwas unordentlich sind, machen Sie hin und wieder etwas perfekt. Kleiden Sie sich mal picobello.

Der kluge Rat

13. Tragen Sie Schuhe und Kleidung, in denen Sie sich wohl fühlen, die Ihren Körper nicht einengen und in denen Ihre Haut atmen kann.
14. Gehen Sie viel zu Fuß. Halten Sie sich aufrecht, gehen Sie langsam, atmen Sie tief in den Bauch und achten Sie darauf, dass Ihre Fußsohlen gleichmäßig den Boden berühren.
15. Bewegen Sie sich viel in der Natur.
16. Gönnen Sie sich hin und wieder eine Massage. Tanzen Sie, singen Sie, sooft es Ihnen Spaß macht.
17. Lachen und lächeln Sie so oft wie möglich.
18. Gestalten Sie Ihren Schlaf- und Arbeitsplatz so, dass Sie sich wohl fühlen. Achten Sie darauf, dass Sie entspannt liegen und aufrecht sitzen können.

Literaturtipps

Lowen, Alexander: *Bioenergetik*. Reinbek 1989

Lidell, Lucinda u. a.: *Massage. Anleitung zu östlichen und westlichen Techniken*. München 1992

Mohr, Bärbel: *Bestellungen beim Universum*. Düsseldorf 2000

Perls, Fritz: *Grundlagen der Gestalt-Therapie*. München 1992

Roeck, Bruno-Paul de: *Gras unter meinen Füßen*. Reinbek 1992

Russell, Stephen: *Der Barfußdoktor. Handbuch für den gewitzten Stadtkrieger*. Reinbek 2000

Thich Nhat Hanh: *Schritte der Achtsamkeit*. Freiburg
  2000
Watzlawick, Paul: *Anleitung zum Unglücklichsein*. München 1984

»Binde dein Kamel an«

Familie und Gesundheit

Alle Menschen werden mit einer einmaligen körperlichen Ausstattung in eine ganz spezielle Umwelt geboren. Das ist unsere Quelle, unser Ursprung und der Rahmen, den wir ausfüllen können. Unsere Großeltern, unsere Eltern, unsere Geschwister; soziale Schicht, Hautfarbe, Geschlecht, besondere Talente, Behinderungen, frühkindliche Erlebnisse – all das prägt uns, ist die Basis von unserem Sein, die Grundprogrammierung unseres Lebens. Darauf können wir aufbauen und uns entfalten – weit mehr, als viele Menschen nur zu hoffen wagen.

Ursprungsfamilie und körperliche Grunddisposition sind unabänderliche Gegebenheiten, unsere Lebensfamilie und unsere Gesundheit schaffen wir uns in diesem Rahmen selbst. Das ist unsere Freiheit: anzuerkennen was ist, unseren Lebensweg zu entdecken und zu gehen und dadurch Raum zu gewinnen, unser Potenzial auszuschöpfen.

FAMILIE

Sie sind auf die Welt gekommen und tragen die Gene und die Erziehung Ihrer Eltern in sich, und zwar in einer völlig neuen, individuellen und gelungenen Komposition. Alle Menschen auf dieser Welt sind Ihnen mehr oder weniger ähnlich, aber niemand ist ganz genau wie Sie. So ist jeder gefragt, seine ganz besonderen Talente zu zeigen und der Welt zu geben. Kein anderer kann dies für Sie tun und wenn Sie sich nicht trauen, werden Sie unglücklich, und Ihr Beitrag geht uns allen verloren.

Selbstwert

Auch ohne etwas Besonderes zu leisten, ist jeder Mensch wertvoll und hat einen Selbstwert, einfach nur dadurch, dass er auf dieser Welt ist. Manchmal vergessen wir dies und dass wir in Liebe in diesen Kosmos eingebunden sind. Jeder Mensch möchte sich geliebt fühlen, besonders dann, wenn er über die Verbindung zum Ganzen verunsichert ist. Kinder machen nahezu alles, um die Liebe ihrer Eltern zu erlangen. Passen die Regeln der Eltern – die Familienregeln – nicht zum Selbst des Kindes, verbiegen sich viele Kinder oder werden krank. Sie entwickeln ein schwaches Selbstwertgefühl, sie spüren dann nicht, was für ihr Leben angemessen ist. Ihre Verbindung zum Gefühl, in Liebe aufgehoben zu sein, ist schwach und ihre Suche nach Liebe und Anerkennung im Außen ist umso größer.

In unterschiedlicher Intensität geht das fast allen Menschen so. Deshalb legen wir uns Kommunikations- und Verhaltensmuster zu, die unsere Wahrnehmung der Welt und unseren Schmerz verdecken. Wir handeln dann nicht mehr stimmig, verstimmen uns, unser Gegenüber oder verhalten uns unangemessen. Wir verlieren die Orientierung in unserem Leben, fühlen uns einsam und entwurzelt.

Alle Menschen haben in ihrer Kindheit mehr oder weniger Schreckliches erlebt. Die einen, weil ihre Eltern sie nicht liebevoll oder ungeschickt behandelt haben, die anderen, weil sie unter schlechten Umweltbedingungen oder Krankheiten gelitten haben, andere wiederum, weil sie schlecht geträumt oder viel Angst gehabt haben. Doch egal wie schlimm oder wie belanglos die Umstände erscheinen: Unabhängig von den Geschehnissen der Vergangenheit können wir ein eher freudiges oder ein eher bedrücktes Leben führen.

Heute können wir uns entscheiden, ob wir unpassende Handlungsmuster aufgeben wollen. Unser Überleben ist nicht mehr – wie in der Kindheit – von der Zustimmung anderer abhängig. Wir können unser Leben leben, können ungesunde Bindungen – an unsere Eltern und andere Menschen – lockern oder aufgeben und uns neu und stimmig binden. Allerdings sollten wir Bindungen nicht ignorieren, sie sind wirksam, egal ob wir sie sehen oder ob wir sie leugnen. Wir können sie jedoch anerkennen und in eine gesunde Form wandeln.

Möchten Sie Ihre Muster erkennen? Möchten Sie Ihre einschränkenden Erfahrungen aufgeben und neue Entwicklungsmöglichkeiten entdecken? Beobachten Sie sich eine Zeit lang in Begegnungen und Gesprächen mit anderen Menschen.

Fühlen Sie sich eher unsicher und klein oder eher überlegen und wichtig? Sind Sie genervt von anderen oder bemüht, Ihrem Gegenüber alles recht zu machen? Sind Sie meist rational, distanziert und wenig zugewandt oder emotional stark betroffen, vielleicht auch überdreht, hibbelig oder flatterhaft?

Das sind nicht wirklich Sie: Dies sind die alten, unzählige Male wiederholten Muster, die Sie sich in Ihrer Kindheit angeeignet haben. Lassen Sie die immer gleichen Spielchen, die gleichen Floskeln oder die gleichen Rettungsanker! Spüren Sie ein bisschen die Unsicherheit, den Schmerz und das Verlorensein und lernen Sie schwimmen!

Übungen

Kommunikationsmuster lösen

Sie möchten ein Gespräch beginnen. Erinnern Sie sich: mit beiden Füßen sanft auf dem Boden und aufrecht stehen, tief und ruhig in den Bauch atmen, Ihr Gegenüber anlächeln. Sie brauchen nicht sofort etwas zu sagen, fühlen Sie erst mal, wie es Ihnen geht. Und dann: Wie fühlt sich der Blick, die Haltung Ihres Gegenübers an. Machen Sie sich nichts draus, wenn Sie sich unsicher fühlen. Vielleicht beginnen Sie das Gespräch nun ganz ungewohnt, mit dem, was Ihnen gerade einfällt. Sie können aber auch Ihr altes Programm benutzen, wenn Ihnen nichts Neues einfällt. Den wichtigsten Schritt – nämlich aufmerksam zu sein – haben Sie schon gemacht.

Überprüfen Sie immer wieder Ihre aufrechte Haltung und Ihren Blickkontakt mit Ihrem Gesprächspartner. Mit der Zeit wird Ihr Gefühl für eine Situation immer deutlicher, und Sie werden von ganz allein neue Kommunikationsmöglichkeiten entwickeln. Seien Sie geduldig und liebevoll mit sich.

So werden Sie immer mehr Sie selbst und lösen sich von alten Automatismen. Wenn Sie früher viel geredet haben, sind Sie jetzt vielleicht ruhiger und hören zu. Oder Sie waren früher sehr schweigsam und trauen sich jetzt, das zu sagen, was Ihnen wichtig ist, was zu Ihnen, zu Ihrem Gesprächspartner und Ihrer Gesprächssituation passt.

Bodenkontakt, Atmen, Aufmerksamkeit – das ist alles, was Sie auf dem Weg zu mehr Gefühl für Ihren Selbstwert und für einen stimmigen Kontakt zur Umwelt brauchen.

Entwicklungsmöglichkeiten

Erinnern Sie sich an das Leben in Ihrem Elternhaus. Wer waren Ihre wichtigsten Bezugspartner? Ihre Mutter, Ihr Vater, der Lebensgefährte Ihrer Mutter, Großeltern, ältere Geschwister, ein Babysitter?

Übungen

Persönliche Eigenschaften

Wählen Sie zwei Personen aus und schreiben Sie getrennt für jede Person deren »positive« und »negative« Eigenschaften und Fähigkeiten auf.

Legen Sie die Aufzeichnungen zur Seite und schreiben Ihre eigenen Eigenschaften und Fähigkeiten auf. Vergleichen Sie nun.

Unterstreichen Sie mit verschiedenen Farben: Was haben Sie von den Älteren übernommen, was machen Sie grundsätzlich anders und was lässt sich nicht zuordnen?

Überprüfen Sie nun in Ihrem Alltag aufmerksam, ob Sie die in der Übung entdeckten und für sich übernommenen

...genschaften wirklich beibehalten wollen. Bedanken Sie sich innerlich für das, was Ihnen gefällt, und akzeptieren Sie auch erst einmal das, was Ihnen nicht gefällt. Bemerken Sie es einfach nur, schenken Sie ihm dann keine weiteren Gedanken und probieren Sie stattdessen ein anderes Verhalten aus. Oft löst sich ein Problem schon, wenn man erkennt, dass etwas von der Mutter oder dem Vater übernommen ist. Bisher glaubte man, es müsse so sein und es gäbe gar keine Alternative. Jetzt erkennt man vielleicht, dass es gar kein Problem ist.

Wenn Papa sich aufregte, bekam er Magenschmerzen. Sie können sich entscheiden, ob Sie sich länger als einige Sekunden aufregen wollen. Sie können sich auch entscheiden, ob Sie ein körperliches Symptom entwickeln oder ob Sie Ihre Gefühle angemessen ausdrücken möchten, um ihnen damit die Spannung zu nehmen.

Auch die Eigenschaften, die dem Elternverhalten entgegengesetzt sind, haben die Kinder übernommen, sei es aus Rebellion oder in der Einsicht, dass das Verhalten der Erwachsenen nicht gut für sie war. Bedanken wir uns auch hier für das, was uns gut tut, und akzeptieren wir gelassen das andere, das wir wandeln können. Entscheiden wir uns jedoch dafür, die Rebellion aufzugeben: Wir sollten das tun, was für uns angemessen ist, egal ob andere Menschen das richtig oder falsch finden. Wenn es gut für uns ist, dürfen wir nämlich auch das machen, was unsere Eltern getan haben oder uns raten.

Bleiben auf unserer Liste jetzt noch Eigenschaften übrig, die nicht zum bisher Aufgeführten gehören? Nun, das könnte unser Ureigenstes sein, das wir selbst oder mit der Hilfe von Freunden und Lehrern entwickelt haben. Sie werden sehen, es wird nicht so viel sein, und das macht deutlich, wie stark unsere Eltern uns geprägt haben.

Übungen

Sein Lebenspotenzial er-Ahnen

Stellen Sie sich vor, Ihre Mutter übergibt Ihnen ihr ganzes Know-how, ebenso Ihr Vater. Was könnten Sie damit alles machen?

Ihre Mutter übergibt Ihnen aber auch ihre Schwächen und ebenso Ihr Vater. Welche Möglichkeiten sind in diesen Schwächen versteckt, wenn man damit anders als Ihre Eltern umgeht?

Spielen Sie mit dem Gedanken, dass das, was Sie im Positiven wie im Negativen von Ihren Eltern bekommen haben, in Ihrem Leben zu einer neuen und gelungenen Synthese werden will. Vielleicht malen oder schreiben Sie, welche faszinierenden Möglichkeiten sich daraus ergeben könnten.

Sie können diese Übung auch um das erweitern, was Sie von anderen Familienmitgliedern, Freunden oder wichtigen Lehrern übernommen haben.

Bindung

Wir sind nicht völlig frei in unserem Leben. Wir haben im gewissen Sinne ein Schicksal, das uns gegeben ist, und zugleich die Freiheit, es zum Guten oder zum Schlechten zu wenden. Wir sind in eine Familie geboren, egal ob unsere Eltern nach der Zeugung bzw. nach der Geburt für uns da waren. Alles ist aus Liebe geschehen, unabhängig davon, ob unsere Eltern liebevoll zu uns waren oder nicht. Egal ob unsere Eltern uns bewusst oder unbewusst gezeugt haben, es gab eine Kraft, die stärker war als alle persönlichen Eigenschaften, die eben wollte, dass diese Gene zusammenkamen, beseelt und schließlich zu diesem Menschen wurden.

Allein die Tatsache, dass es uns gibt, dass unsere Eltern uns gezeugt haben, dass unsere Mutter uns geboren hat, setzt uns dann auch in ein unsichtbares System, das kraftvolle Auswirkungen hat. Wir sind eingegliedert in dieses Netz unserer Vorfahren, wir tragen mit an den Taten und Untaten unserer Familie, ob wir es wollen oder nicht, ob wir es bewusst wahrnehmen oder nicht.

Ungesunde Verstrickungen im Familienfeld sind beispielsweise Essstörungen, Süchte, Abhängigkeiten, Selbstmordversuche, schwere Krankheiten schon in jungen Jahren, Missbrauch, Inzest und deren Folgen.

Oft haben Großeltern, Eltern oder nahe Verwandte, etwa in Kriegszeiten, Schlimmes begangen, und ein Kind sühnt unbewusst durch Krankheit diese Taten seiner Ahnen. Ungleichgewichte, wenn beispielsweise Familienmitglieder verachtet, frühere Partner verschwiegen, abgetriebene Kinder nicht gewürdigt wurden, suchen im System einen Ausgleich, ganz gleich, ob unserem Verstand das gerecht oder ungerecht erscheint.

Die kranke Person übernimmt unbewusst diese ausgleichende Funktion, schafft für das Gesamtsystem ein Gleichgewicht, oft um den Preis eines eingeschränkten Lebens und/oder frühen Todes. All dies geschieht aus Liebe zu den Eltern, den Großeltern, der Familie. Es kann sein, dass ein Kind seinem untreuen, vagabundierenden Vater oder seiner lasterhaften Mutter folgt und sich ganz ähnlich verhält. Hier wirkt die Bindung dann stärker als alle Selbstentfaltung.

Diese Bindungen können erkannt und anerkannt werden, dann besteht die Möglichkeit einer Lösung und Wandlung.

Den Nachkommen steht es nicht zu, über ihre Vorfahren zu richten oder ihnen zu vergeben, denn das wäre, als ob die Jungen sich über die Alten erheben würden. Loslösung von Verstrickungen gelingt, indem man sein Schicksal annimmt, die Einmischung in die Schicksale anderer unterlässt und Verantwortung für sein Leben übernimmt. Etwa indem der Sohn seinem Vater innerlich sagt: »Du bist mein Vater, und ich bin dein Sohn. Das, was du gemacht hast, war genau richtig für mich. Ich danke dir und gehe nun meinen eigenen Weg.«

Das bedeutet auch, dass Schlimmes, was Eltern ihren Kindern angetan haben, von einer höheren Ebene aus gesehen und aus der Sicht des Kindes zu dessen Schicksal und Entwicklung gehört. Dies entschuldigt nicht das Verhalten der Eltern, es ist aber deren Sache und nicht die des Kindes. So löst sich die unglückliche Verstrickung von »Täter« und »Opfer«. Man trägt seine Narben in Würde und mit dem Gefühl, sie aus Liebe angenommen zu haben. Endlich kann man mit dem Alten Frieden schließen, heilen und die gemachten Erfahrungen für ein erfülltes und tiefes Leben nutzen.

In Familienaufstellungen können diese unbewussten Familienbande sichtbar gemacht werden: Unter Anleitung eines Therapeuten sucht der Klient, dessen Familie aufgestellt wird, aus einer Gruppe von Teilnehmern Vertreter für seine wichtigsten Familienmitglieder. Diese positioniert er beginnend mit Vater, Mutter und Geschwistern im Raum. Nun wird gefragt, wie sich die Einzelnen fühlen, und oft spüren die Aufgestellten heftige Gefühlsreaktionen.

Der Therapeut sucht nun das System durch Hinzufügen von weiteren Personen (Großeltern, Liebhaber, gestorbene oder abgetriebene Kinder) oder durch Umstellungen ins Gleichgewicht zu bringen. Und zwar in dem Sinne, dass sich möglichst alle Familienmitglieder wohl oder besser fühlen. Oft gehört der Vater neben die Mutter, und die Kinder stehen ihnen im Angesicht gegenüber.

Zum Schluss nimmt der Klient seine Rolle ein, die ja bisher von einem anderen Gruppenmitglied gespielt wurde, und kann zu denjenigen, mit denen es in der Aufstellung Konflikte gab, lösende Ritualsätze sagen, etwa das Kind zu den Eltern: »Ich danke euch, dass ihr mir das Leben geschenkt habt. Ich nehme es an und mache was daraus.«

Bei Familienaufstellungen empfiehlt es sich, mit den Therapeuten und Leitern abzusprechen, ob sie oder andere qualifizierte Berater für Nachgespräche mit den Teilnehmern zur Verfügung stehen.

Versöhnungsgang mit den Eltern

Entscheiden Sie, mit welchem Elternteil Sie beginnen wollen, beispielsweise mit Ihrer Mutter. Suchen Sie sich in der Wohnung, im Garten oder im Park einen kurzen Weg (3 bis 15 Meter), den Sie ungestört gehen können. Stellen Sie sich an den Anfangspunkt und suchen Sie einen Endpunkt, bis zu dem Sie gehen wollen.

Nun erinnern Sie sich an Ihre Mutter und eine Situation, die Sie immer noch beschäftigt. Wie haben Sie sich damals gefühlt? Gehen Sie dann einen kleinen Schritt und sagen Sie beispielsweise:

- »Ich bin traurig, Mama, weil du damals ...«,
- »Mutti, ich bin auf dich wütend, weil du ...« oder
- »Mama, ich fühle mich unfrei, wenn du ...«

Bleiben Sie noch einen Moment stehen und bei Ihren Gefühlen, bis Sie sich einer weiteren Situation zuwenden.

Gehen Sie Schritt für Schritt, fühlen Sie intensiv und drücken Sie dies in Worten aus. Wenn Tränen, Wut oder andere Emotionen hochkommen, scheuen Sie sich nicht davor. All dies dient Ihrer Heilung.

Fühlen und sagen Sie alles, was Ihnen einfällt. Sie können sich auch wiederholen, um intensiver zu spüren, oder Ihren Weg zu einem neuen Ziel verlängern.

Am Ende des Weges halten Sie ein, zwei Minuten inne. Stellen Sie sich unser Planetensystem vor, wie die Erde und die Planeten um die Sonne kreisen. Betrachten Sie die Erde, wie sie wohl entstanden ist, wie Landmassen, Pflanzen, Tiere und Menschen sich entwickelt haben. Sehen Sie unsere Welt aus der Sicht eines fernen Beobachters.

Nun drehen Sie sich um und gehen Ihren Weg langsam Schritt für Schritt zurück. Bei jedem Halt sagen Sie so oder ähnlich: »Mama, ich danke dir, dass du mir mein Leben gegeben hast. Es ist für mich genau richtig, was du gemacht hast. Nun gehe ich mein Leben und mache was daraus.«

Fühlen Sie dies auch! Wenn nicht, drehen Sie sich noch einmal um, wiederholen und fühlen den Satz, der zu Ihnen passt. Also: »Mama, ich bin …« Halten Sie danach wieder inne und gehen den Weg dann wieder mit den Worten zurück: »Mama, ich danke dir …«

Machen Sie an einem anderen Tag auch den »Gang mit dem Vater«. Wenn Ihre leiblichen Eltern nicht Ihre wichtigsten Bezugspersonen waren, können Sie diese Übung zusätzlich auch mit den Menschen machen, die für Sie gesorgt haben, und die lösenden Sätze in dem Sinne umwandeln: »Ich danke dir, dass du für mich da warst …«

Literaturtipps

Hellinger, Bert/Hövel, Gabriele ten: *Anerkennen, was ist. Gespräche über Verstrickung und Lösung.* München 1996

Palmer, Harry: *Resurfacing – Wiederauftauchen.* Bielefeld 1998

Satir, Virginia u. a.: *Das Satir-Modell. Familientherapie und ihre Erweiterung.* Paderborn 1995

Redfield, James: *Die Prophezeiungen von Celestine*. Kapitel »Die Klärung der Vergangenheit«. München 1994
Weber, Gunthard (Hrsg.): *Zweierlei Glück. Die systemische Psychotherapie Bert Hellingers.* Heidelberg 1995 (Taschenbuchausgabe: München 2002)

GESUNDHEIT

Unser Körpersystem können wir als eine Ganzheit des äußeren Körpers, der inneren Gedanken und der Gefühle betrachten. Der Körper ist dabei die stoffliche, materielle Komponente, die Gedanken sind eher elektrische, immaterielle Impulse, und die Gefühle sind ein Zusammenwirken von elektrischen Impulsen (Gedanken und Sinnesreize) und Körperchemie (vor allem Hormone). Wir sind gesund, wenn unser materieller Körper gut funktioniert, wenn wir klar denken können und uns wohl fühlen.

Nun sind wir mit einer ganz bestimmten Gesundheitsdisposition auf diese Welt gekommen, das meiste an uns funktioniert oder funktionierte ganz wunderbar. Wir haben jedoch auch das eine oder andere besondere Talent und vielleicht auch ein Handikap, das uns von der über alle Menschen gemittelten Norm unterscheidet. Das sind unsere Chancen und Potenziale und auch unsere Grenzen. Setzen wir unsere Grenzen aber nicht enger als angebracht. Oft sind wir zu ganz Ungewöhnlichem fähig, wie beispielsweise eine Lehrerin für afrikanischen Tanz, die trotz eines verkrüppelten Beins wunderschön und ausdrucksvoll ihren Körper bewegt.

Wir sind gesund, wenn wir das, was wir brauchen und was uns nährt, zu uns nehmen und das, was verbraucht ist und uns belastet, abgeben. Es ist also ebenso wichtig, gesund zu essen und zu denken, wie körperlich und seelisch zu entschlacken. Das Wichtigste ist aber wohl, die Unterscheidung zu treffen, was wir wirklich in uns aufnehmen wollen und was wir besser wieder abgeben sollten. So können Symptome wie Erbrechen, Durchfall und Fieber heilsam sein, da sie unseren Körper von schädlichen Einflüssen befreien. Hier wirken dann unsere Selbstheilungskräfte, die wir unterstützen und möglichst nicht behindern sollten. Geht das Unheil-Sein aber so weit, dass unser System sich zur Gewohnheit macht, Schlechtes einzulagern, ist eine grundsätzliche Wendung unseres Lebens notwendig, um wieder gesund zu werden.

In den nächsten Abschnitten »Ernährung« und »Umwelt« beschäftigen wir uns mit der Versorgung und Entschlackung unseres Körpersystems. Unter »Bewegung« zeigen wir, wie die Schutz- und Selbstheilungskräfte mit Körperübungen verbessert werden können. Im Abschnitt »Heilung« regen wir an, die Antwort auf die Lebensfragen zu finden, die besondere Krankheiten an uns stellen. Zusätzlich gibt es einen Abschnitt mit bewährten Hausmitteln, die bei Unpässlichkeiten helfen und die Heilung von Krankheiten unterstützen können.

Ernährung

Es gibt vermutlich keine Ernährungsform, die für die meisten Menschen gleichermaßen gesund ist. Allerdings gibt es einige Grundregeln, die allgemein anerkannt sind und eine heilsame Basis für die Ernährung darstellen können.

Eine richtige Ernährung ist vom Körpertyp, vom Alter, Tätigkeiten, Gesundheitszustand und Umwelteinflüssen abhängig. Wenn wir alle Besonderheiten außen vor lassen, wie die Ernährung für Säuglinge, Kleinkinder, Hochleistungssportler oder Meditierende, ebenso wie Diäten zur Heilung einzelner Krankheiten oder die Ernährungserfordernisse unter außergewöhnlichen klimatischen Bedingungen, bleibt Ihr Körpertyp – Ihre körperliche, geistigseelische Grundverfassung – von besonderem Interesse für eine sinnvolle Ernährung.

Wenn Sie gesund und munter sind, sich meistens in einem körperlich-seelischen Gleichgewicht befinden, verfügen Sie vermutlich auch über ein gutes Gespür für das, was Ihnen gut tut und Sie nährt. Hören Sie dann auf Ihr Gespür: Essen und trinken Sie das, auf was Sie Appetit und Lust haben. Lassen Sie die Finger von dem, was Sie nicht anzieht. Essen Sie nicht, wenn Sie keinen Hunger haben.

Viele Menschen befinden sich nicht in diesem Gleichgewichtszustand. Hier kann es durchaus sein, dass Körper und Verstand falsche Signale geben, wir zu gewichtig und träge, vielleicht auch ausgezehrt und kraftlos oder überreizt und unruhig werden. Wenn Sie längere Zeit weit von einem Gleichgewichtszustand entfernt sind (chronische Krankheiten, regelmäßige Einnahme von Medikamenten, Über- oder Untergewicht, Bulimie, großzügiger Alkohol- oder Drogengebrauch, starker Tabakgenuss, extremer Drang nach Süßigkeiten, sehr einseitige oder fast ausschließliche Fast-Food-Ernährung), sollten Sie vielleicht eine Kur zur Umstellung Ihrer Ess- und Trinkgewohnheiten machen und sich dabei von einem Arzt, Psychotherapeuten, Heilpraktiker oder Ernährungsberater unterstützen lassen. Unternehmen Sie keine Gewaltkuren und machen Sie Kuren bevorzugt im Kreise oder im Austausch mit Menschen, die Sie stärken.

Die leckeren 16 – Grundregeln für Ihre Ernährung

1. *Kaufen Sie frische, natürliche Lebensmittel guter Qualität* in Bioläden, Reformhäusern, in den Naturkostabteilungen von Supermärkten und Kaufhäusern oder bei einem kleinen Einzelhändler, der auf gute Qualität achtet. Meiden Sie vor allem Fleisch und auch Fisch unklarer oder schlechter Qualität und Herkunft. Essen Sie keine Eier aus Legebatterien. Bevorzugen Sie Lebensmittel aus Ihrer Region und passend zur Jahreszeit.
2. *Ernähren Sie sich von Vollwertprodukten und naturbelassenen Lebensmitteln.* Meiden Sie Konserven, Fertig- und Instantkost, Weißmehl, Zucker und gesüßte (egal ob mit Zucker oder Süßstoffen) Getränkemischungen. Verwenden Sie Salz sparsam. Gute Tiefkühlkost enthält

wichtige Inhaltsstoffe von Lebensmitteln – in der chinesischen Ernährungslehre wird sie dennoch abgelehnt, weil der Tiefkühlvorgang die in der Nahrung gespeicherte Lebensenergie »Chi« beeinträchtigt. Einigen Lebensmitteln – vor allem Tomaten – schadet der Konservierungsvorgang wenig. Hier können Sie dann auch mal auf gute Konserven ausweichen. Zum Süßen können Sie Honig, Sirup oder braunen Zucker sparsam verwenden. Gegen Zucker als Gewürz ist nichts einzuwenden. Honig sollte nicht stark erhitzt werden.

3. *Ihre Nahrung sollte zu mindestens zwei Dritteln aus Gemüse, Obst, Hülsenfrüchten, Getreide, Getreideprodukten und Kartoffeln bestehen,* also Kohlehydraten und pflanzlichem Eiweiß. Das restliche Drittel oder weniger teilen sich die tierischen Eiweiße und Fette wie Milch, Milchprodukte, Fleisch, Fisch, Eier, Fette, Öle sowie Nüsse. Bei einer Nahrung mit viel Gemüse, Obst und Vollkornprodukten nehmen Sie auch genügend Ballaststoffe auf, die wichtig für die Verdauung und den Schutz des Darms sind.

4. *Essen Sie abwechslungsreich.* Essen Sie wenig Fleisch, und wenn, dann mageres – vorzugsweise Geflügel – oder ernähren Sie sich vegetarisch. Fisch könnte allerdings ein- bis zweimal in der Woche auf Ihrem Speiseplan stehen. Magere Milchprodukte wie Quark, Hüttenkäse, Mozzarella oder auch Ziegen- und Schafskäse sind zu empfehlen.

5. Falls Sie sich vegetarisch und zusätzlich mit wenig Milchprodukten und Eiern ernähren, *sind Sojabohnen*

und Sojaprodukte (beispielsweise Tofu) besonders wichtig. Sie stellen eine Alternative zum tierischen Eiweiß dar. Sie müssen allerdings auf eine ausreichende Eisenzufuhr und Vitamin-B$_{12}$-Versorgung achten.

6. *Nehmen Sie nur wenig gesättigte Fettsäuren (tierische Fette) zu sich,* da eine Gefahr von Cholesterinablagerungen in den Gefäßen durch LDL-Cholesterin besteht. Die einfach ungesättigten Fettsäuren (Olivenöl, Rapsöl) sind besonders zu empfehlen, sie senken die Cholesterinwerte und heben den Anteil am »guten« HDL-Cholesterin. Die mehrfach ungesättigten Fettsäuren (etwa Omega-3-Fettsäuren) gelten als Allroundtalente im Gesundheitsschutz (Verbesserung der Fließeigenschaften des Blutes, entzündungshemmende Wirkung und vielleicht auch Hemmung von Krebszellen). Sie finden sich in fettem Fisch (Lachs, Hering, Makrele) und auch im Lein-, Raps-, Soja- und Walnussöl. Eier und Butter sind in Maßen gesund. Margarine mit gehärteten Fetten, Knabbersnacks (Popcorn, Kartoffelchips, geröstete Nüsse), süßes Gebäck und Frittiertes sollten Sie nur ganz selten zu sich nehmen.

7. *Vitamin C und E* sowie Betakarotin – eine Vorstufe des Vitamin A – gelten als Radikalenfänger. Freie Radikale sind aggressive Sauerstoffmoleküle, die Körperzellen und das Herz-Kreislauf-System schädigen können. Antioxidantien oder Radikalenfänger binden diese und sorgen so für einen inneren Schutz des Körpers. Freie Radikale entstehen bei einer Belastung durch Umweltgifte, Abgase, Zigarettenrauch, bei Infektionen, zu star-

ker körperlicher Belastung, zu langem Sonnenbaden und wohl auch bei Stress und depressiven Verstimmungen. In einer gemüse- und obstreichen Ernährung nehmen wir in der Regel genügend dieser Vitamine (C: 75 mg/Tag, E: 12 mg/Tag, Betakarotin: 2 bis 6 mg/Tag) auf. Bei besonderen Belastungen (Erkältungen, Sport, im Alter) können Sie die Versorgung mit Vitaminpräparaten deutlich erhöhen. Verschiedene Fitness- und Anti-Aging-Experten empfehlen sehr hohe Dosierungen (C: mehr als 1000 mg/Tag, E: 400 mg/Tag; Betakarotin: 15 mg/Tag). Nebenwirkungen scheint es bei diesen Mengen nicht zu geben, allerdings liegen noch keine Langzeitbeobachtungen vor. Wir empfehlen Ihnen, in der Dosierung nicht so hoch zu greifen und vor einer höher dosierten regelmäßigen Vitamineinnahme mit Ihrem Arzt oder Heilpraktiker Rücksprache zu nehmen. Vitaminpräparate auf der Basis natürlicher Inhaltsstoffe, Gemüse-, Algen- oder Obstauszüge, sind chemischen Mischungen vorzuziehen. Auch gute Frucht- und Gemüsesäfte sind eine zusätzliche konzentrierte Vitamingabe.

8. *Magnesium und Kalzium* benötigen wir in größeren Mengen als andere Mineralstoffe, Magnesium etwa 400 mg/Tag, Kalzium ungefähr 1200 mg/Tag. Sie gelten als Antistressminerale. Magnesiummangel kündigt sich oft durch Muskelkrämpfe an, Kalziummangel kann Allergien begünstigen. Kalzium ist wichtig für den Knochenaufbau. Achten Sie daher auf eine ausreichende Versorgung. Auch Mineralstoffpräparate können sinnvoll sein.

Die Mineralstoffe, Kalium, Selen und Zink, sekundäre Pflanzenstoffe (vor allem Flavonoide) und Q10 (Co-Enzym) sind zurzeit als Gesundheits- und Fitnessförderer im Gespräch. Ebenso wichtig sind weitere Mineralstoffe (etwa Eisen, Jod, Chrom) und die hier nicht besprochenen Vitamine (A, Vitamine der B-Gruppe, D, K, Biotin, Niacin, Folsäure). Inzwischen geht man von 10 000 Pflanzenstoffen aus, die für unsere Ernährung von Bedeutung sein können. Dies zeigt, wie wichtig eine ausgewogene Nahrung ist und dass sie nicht durch isolierte Vitaminpräparate ersetzt werden kann.

9. Als *besonders gesund* gelten:
   - Tomaten (Vitamin E, Arteriosklerosebekämpfer),
   - Roter Paprika (Vitamin C, Betakarotin),
   - Möhren (Betakarotin),
   - Kohl (Vitamin C, entzündungshemmend, Hemmung von Tumorzellen),
   - Brokkoli (Vitamin C, Kalzium, Eisen, Hemmung von Tumorzellen),
   - Sojabohnen (tiernahes Eiweiß, zellschützende Flavonoide),
   - Zwiebeln (Antioxidantien, blutdrucksenkend, cholesterinverbessernd),
   - Knoblauch (Vitamine A, C und E, Selen, cholesterinsenkend),
   - Avocado (Vitamin D, Kalium, ungesättigte Fettsäuren),
   - Grapefruit (Vitamin C, Betakarotin, cholesterinsenkend),

- Orangen, Mandarinen, Zitronen (Vitamin C, Flavonoide),
- Äpfel (Antioxidantien, Darmanregung, cholesterinsenkend),
- Schwarze Johannisbeeren (Vitamin C, Antioxidantien),
- Erdbeeren (Vitamin C, Antioxidantien),
- Rote Trauben als Saft oder Wein (herzinfarktvorbeugend).

10. *Trinken Sie viel,* mindestens 2 Liter am Tag: Wasser, grünen Tee, Fruchtsäfte und Kräutertees (aber keine aus Heilkräutern, die Sie nur als Heilmittel einsetzen sollten).

Wasser trinken Sie am besten ohne Kohlensäure und nicht zu kalt. Bei Mineralwasser achten Sie auf hohe Kalzium- und Magnesiumwerte, die Natriummengen sollten gering sein. Auch die Qualität von Leitungswasser ist oft gut, wenn es nicht gechlort wurde. Achten Sie morgens aber darauf, dass Sie nicht das Wasser trinken, das über Nacht in Ihren Hausleitungen gestanden und möglicherweise Metalle aus den Leitungen gelöst hat. Lassen Sie das Wasser laufen, bis es kühl und frisch ist. Sie können den ersten Wasserstrom als Wasch- oder Blumenwasser nutzen.

In aller Regel brauchen Sie keine Wasserfilter, um Ihr Leitungswasser zu reinigen. Es kann aber sinnvoll sein, Trinkwasser energetisch aufzuwerten. Wasser speichert in seiner Molekülstruktur Informationen, und diese sind selbst bei sauberem Trinkwasser (etwa aus

Trinkwasserbrunnen neben Flüssen) nicht förderlich für unseren Organismus, da sie noch »Erinnerungen« an frühere Verunreinigungen tragen. Verschiedene Systeme auf der Basis von Magnetfeldern, Informationsübertragungen oder Wasserverwirbelungen brechen diese Strukturen auf und erlauben eine gesunde Neuordnung der Moleküle.

Heißes Wasser gilt sowohl in der chinesischen als auch in der indischen Ernährungslehre als besonders heilsam. Unserem Körper wird Energie – und dies ist vor allem im Herbst und Winter wichtig – zugeführt, zugleich wird der Darm sanft gereinigt.

Grünen Tee können und sollten Sie mehrmals aufgießen. Im zweiten Aufguss ist wenig Koffein und viel der gesunden Inhaltsstoffe (Antioxidantien, Flavonoide).

11. *Verwenden Sie frische Küchenkräuter und Gewürze.* Besonders Ingwer ist wegen seiner erwärmenden und die Verdauung stärkenden Wirkung zu empfehlen. Fenchel, Kardamom, Koriander, Kümmel und Zimt unterstützen ebenfalls Magen und Darm.

12. *Genießen Sie* Kaffee, schwarzen Tee, Schokolade, Speiseeis, Kuchen, Sahne, Alkohol und Tabak, wenn diese Genussmittel für Sie bekömmlich sind und Ihnen Freude bereiten. Genießen Sie wirklich ganz bewusst, Schluck für Schluck, Bissen für Bissen und Zug für Zug. Seien Sie jedoch sehr maßvoll: Es muss nicht jeden Tag etwas Süßes sein, und zwei Tassen Kaffee pro Tag sollten reichen. Einem Glas gutem Rotwein

täglich sagt man eine vor Herzinfarkt schützende Wirkung nach, aber auch hier sollten Sie mal einige Tage ganz abstinent sein. Fünf Zigaretten täglich oder die Verlagerung zur Pfeife sind für einen starken Raucher sicherlich ein lohnendes Ziel, für ein wirklich gesundes Leben sollten Sie den Tabakgebrauch aber deutlicher reduzieren. Allerdings ist es gesünder, mit Freude ein wenig zu sündigen, als missmutig perfekt zu sein.

13. *Lagern Sie Lebensmittel fachgerecht* und verbrauchen Sie sie bald. So bleiben die wertvollen Inhaltsstoffe (vor allem die Vitamine) erhalten.

Bereiten Sie Ihre Lebensmittel schonend zu. Dünsten Sie Gemüse, statt es lange zu kochen. Bereiten Sie vitaminreiche Kost möglichst frisch. Benutzen Sie keine Mikrowelle, sie zerstört die Lebensenergie »Chi« der Lebensmittel völlig.

Öle dürfen nicht zu stark erhitzt werden (Zerstörung der »guten« Fettsäuren, Bildung von schädlichen, teilweise krebsbegünstigenden Abfallprodukten).

14. Sorgen Sie dafür, dass Ihre Mahlzeiten morgens und mittags eine *gute Mischung aus Kohlehydraten, Fetten, pflanzlichen und tierischen Eiweißen sowie Vitaminen* sind. Zu den Zwischenmahlzeiten können Sie Obst, Säfte, Vollkorn- und magere Milchprodukte zu sich nehmen. Abends sollten Sie auf Sauermilchprodukte wie Joghurt, Quark und Käse sowie auf andere tierische Eiweiße verzichten. Spätabends essen Sie außer einem gelegentlichen »Betthupferl«, das Sie durch

die Kombination von Eiweiß und Kohlehydraten beruhigt und zufrieden stimmt, am besten nichts mehr. Gönnen Sie Ihrer Verdauung 10 bis 12 Stunden Zeit, bevor Sie wieder etwas zu sich nehmen.

15. *Essen Sie in einer harmonischen Atmosphäre und in aller Ruhe.* Halten Sie während der Mahlzeit unruhige oder bedrückende Fernseh-, Radio- oder Zeitungsmeldungen von sich fern. Verschieben Sie »Problem«- oder auch Geschäftsgespräche bis nach dem Essen. Kauen Sie gut und genießen Sie bewusst das, was Sie zu sich nehmen. Trinken Sie während des Essens nur kleine Mengen, größere erst nach dem Essen, um den Verdauungsvorgang nicht zu verwässern.

Essen Sie grundsätzlich nicht mehr, als Ihr Gefühl Ihnen sagt. Gerade die letzten Bissen, der letzte Schluck oder das Gefühl, einen Teller leer essen oder ein Glas austrinken zu müssen, verursachen oftmals Völlegefühle und andere Beschwerden.

16. Ein- oder zweimal im Jahr sollten Sie Ihren Körper mit einer *mehrtägigen Fastenkur oder einer speziellen Diät* (beispielsweise Reistage) entschlacken.

Empfehlungen für verschiedene Körpertypen

Die indische Ernährungslehre nach Ayurveda unterscheidet drei, die Blutgruppendiät vier und die chinesische Ernährungslehre nach den Elementen fünf Konstitutionstypen, für die unterschiedliche Ernährungen vorgeschlagen werden.

Trotz einiger Widersprüche zwischen diesen Lehren sind vor allem Ayurveda und die Fünf-Elemente-Lehre vorzügliche Systeme, mit denen man gute Grundlagen für einen persönlichen Ernährungsstil entwickeln kann. Es bleibt jedoch nicht aus, diese für sich genau zu überprüfen und herauszufinden, was einem ganz persönlich zuträglich ist.

Basis der chinesischen Lehre ist die Unterscheidung in Kälte- (Yin) und Hitzetyp (Yang). Symptome des Kältetyps sind beispielsweise Müdigkeit, Konzentrationsmangel, Heißhunger auf Süßes, schwache Abwehrkräfte, kalte Hände und Füße sowie Blähungen. Symptome des Hitzetyps sind Schwitzen, ein rotes Gesicht, starker Durst, hohe Aktivität und hoher Blutdruck. Auf der Basis dieser Einteilung finden Sie schon eine gute Orientierung für Ihren persönlichen Ernährungsstil.

Offensichtlich gibt es Menschen, die sehr gut und gesund vegetarisch leben, andere brauchen hin und wieder Fisch und Fleisch, um bei Kräften zu bleiben. Die einen vertragen Kuhmilch und deren Produkte, andere verschleimen bei dieser Nahrung. Manchen bekommt Vollkornbrot und ungekochtes Korn (etwa im Müsli) gut, andere leiden bei dieser Kost unter Blähungen. Einige schwören auf Rohkost, andere bekommen Verdauungsprobleme und frieren. Obst ist die Freude des einen, ein anderer neigt zu Obstallergien. Vielen Menschen tut es gut, längere Zeit zu fasten, andere vermögen dies nur wenige Tage und brauchen zur inneren Reinigung und Entschlackung besondere Diäten.

Diese Beobachtungen lassen sich gut mit den Ernährungsempfehlungen für den Kälte- und Hitzetyp in Einklang bringen:

- *Empfehlungen für den Kältetyp (Yin-Typ):* Vermeiden Sie Rohkost, Südfrüchte, Milchprodukte bis auf Butter, rohes Müsli, kalte Getränke, schwarzen Tee. Bevorzugen Sie warme Speisen und Getränke: Suppen, Getreidebrei, gedünstetes Gemüse (vor allem Karotten, Kohl, Kürbis, Fenchel, Lauch), Fisch und Fleisch in kleinen Mengen, Eier, Reis, Hirse und Kartoffeln, erwärmende Gewürze, Datteln und Feigen, Traubensaft, warmes Wasser und Kräutertees. Rotwein in kleinen Mengen ist verträglich. Fasten ist weniger geeignet, Reis- oder Hirsekuren sind empfehlenswert.
- *Empfehlungen für den Hitzetyp (Yang-Typ):* Vermeiden Sie Fleisch, scharfe Gewürze, Kaffee, Alkohol, Fett und Salz. Bevorzugen Sie kühlende Nahrungsmittel: Salate, grünes Gemüse, Tomaten und Obst. Gekochtes Getreide bekommt Ihnen wahrscheinlich gut. Sie können magere Milchprodukte, grünen Tee, Mineralwasser zu sich nehmen. Wenn Sie Alkohol trinken, dann eher Bier als Rotwein oder Hochprozentiges. Fastenkuren sind ebenso empfehlenswert wie eine Getreidekur mit Reis oder Gerste.

Wenn Sie sich in diesem System nicht ausreichend erfasst fühlen, versuchen Sie die Einordnung Ihres Typs nach den fünf Elementen Holz, Feuer, Erde, Metall und Wasser (vgl. Literaturtipps; siehe auch Seite 268 ff.), die den Kälte- und Hitzetyp weiter differenzieren. Holz, Feuer und zu viel Erde stehen für den Hitzetyp, Metall, Wasser und zu wenig Erde für den Kältetyp. Oder suchen Sie eine Zuordnung nach den drei Typen des indischen Ayurveda.

Der Ayurveda unterscheidet den zartgliedrigen und feinfühligen Vata-Typ, den athletischen und temperamentvollen Pitta-Typ sowie den kräftig/kompakten und geduldigen Kapha-Typ.

- *Empfehlungen für den Vata-Typ:* Vermeiden Sie kaltes, trockenes und zu leichtes Essen. Essen Sie regelmäßig, gehaltvolle und ölige Speisen. Bevorzugen Sie warme Speisen und Getränke. Zwischenmahlzeiten sind zu empfehlen.
- *Empfehlungen für den Pitta-Typ:* Meiden Sie heiße Speisen und Getränke ebenso wie trockene und unregelmäßige Mahlzeiten. Bevorzugen Sie kühle, gehaltvolle Speisen und Getränke. Rohkost ist empfehlenswert. Schwere und ölige Mahlzeiten können Sie in mäßigen Mengen zu sich nehmen.
- *Empfehlungen für den Kapha-Typ:* Vermeiden Sie kaltes, schweres, öliges und reichhaltiges Essen. Verzichten Sie auf Zwischenmahlzeiten. Warme Speisen und Getränke, leichte und trockene Mahlzeiten sind empfehlenswert. Vorteilhaft sind verdauungsfördernde Gewürze und Kräuter ebenso wie Salate und Suppen.

Die Blutgruppendiät entstand aus der Beobachtung, dass vielen Patienten in Kurorten eine streng vegetarische und fettarme Kost ausgezeichnet bekam, etlichen aber auch nicht. Die Ärzte James D'Adamo und Peter D'Adamo zogen eine Verbindung zu den vier Blutgruppen und empfehlen:

- *für die Blutgruppe 0, den »Jäger«:* eine eiweißreiche Kost mit Fleisch, Fisch, Gemüse und Obst – wenig Brot, Getreide, Hülsenfrüchte und wenig Milchprodukte,
- *für die Blutgruppe A, den »Landwirt«:* eine vorwiegend vegetarische Kost mit Sojaprodukten, Fisch und Meeresfrüchten, Getreide, Hülsenfrüchten, Obst – wenig Milchprodukte,
- *für die Blutgruppe B, den »Nomaden«:* eine Mischkost.
- *Die Blutgruppe AB* verträgt ebenfalls eine Mischkost, sollte jedoch auf Grund eines vermuteten empfindlichen Verdauungstraktes besonders achtsam und maßvoll in der Ernährung sein.

Da die Blutgruppendiät noch sehr jung ist, kann man zu ihrer Wirksamkeit erst wenig sagen. Wir finden den Ansatz interessant, für eine allgemeine Ernährungsempfehlung aber noch nicht ausgereift. Es wird jedoch nicht schaden, dies für sich selbst auszuprobieren.

Den eigenen Ernährungsstil finden

Stellen Sie aus den Ihnen nun zur Verfügung stehenden Informationen ein persönliches Ernährungsprogramm zusammen, bei dem Ihnen die Speisen schmecken und an dem Sie Freude haben. Machen Sie es sich dabei leicht und vermeiden Sie anstrengende Regeln und Perfektionismus. Bleiben Sie jedoch konsequent am Ball: Essen und trinken Sie aufmerksam, beobachten Sie genau, was Ihnen bekommt und was nicht. Lassen Sie das, was Sie nicht nährt, essen Sie vielfältig und probieren Sie immer wieder mal etwas Neues aus.

Eine gesunde Ernährung macht auf Dauer Spaß und belohnt Sie zusätzlich mit mehr Lebensfreude und Lebenskraft. Vergleichen Sie Ihren Körper nicht mit anderen und vor allem nicht mit Schönheitsidealen und »Vorbildern« in Zeitschriften. Geben Sie sich und Ihrem Körper die Chance, sich typgerecht zu entfalten. Sie sind am schönsten, wenn Ihr Äußeres mit Ihrem innersten Kern – Ihrem Selbst und Ihrer Seele – zusammen schwingt.

Entschlacken mit der Reiskur

Wenn Sie mit Fasten und Entschlacken bisher keine Erfahrung haben, empfehlen wir Ihnen eine Kur von 1 bis 3 Tagen. Für Geübte sind 5 bis 7 Tage ein guter Zeitraum.

Nehmen Sie sich viel Zeit. Hören Sie auf Ihren Körper und seine Bedürfnisse und schaffen Sie sich eine ruhige, harmonische Atmosphäre. Gehen Sie viel spazieren, machen Sie leichte Körperübungen und gönnen Sie sich Massagen.

Wenn Ihr Körper entschlackt und entgiftet, können sich Kopfschmerzen melden, unangenehme Gefühle mögen kommen und vielleicht schlafen Sie viel oder ganz wenig. Trinken Sie reichlich, bewegen Sie sich und sprechen Sie mit Freunden, die Sie unterstützen. So können Gifte Ihren Körper schneller verlassen.

Ihre Nahrung besteht in dieser Zeit aus gekochtem geschältem Reis guter Qualität, den Sie an drei Mahlzeiten am Tag zu sich nehmen. Kochen Sie salzlos und lassen Sie den Reis gut ausquellen. Essen Sie warm und kauen Sie gut.

Sie können Ihre Mahlzeiten mit gedünstetem Gemüse und gedünstetem Obst, ungeschwefeltem Trockenobst, frischen Kräutern und Curcuma (Gelbwurz-Gewürz) aufwerten. Mittags dürfen Sie auch etwas Blattsalat – mit ganz wenig Zitrone und Leinöl angemacht – zu sich nehmen.

Trinken Sie warmes Wasser und grünen Tee. Wenn Sie sich entkräftet fühlen, können Sie die Getränke mit etwas Honig süßen.

Literaturtipps

D'Adamo, Peter J./Whitney, Catherine: *4 Blutgruppen – Vier Strategien für ein gesundes Leben.* München 2001

Dahlke, Rüdiger/Ehrenberger Doris: *Wege der Reinigung. Entgiften – Entschlacken – Loslassen.* München 2000

DGE (Deutsche Gesellschaft für Ernährung): *10 Regeln der DGE für eine vollwertige Ernährung.* 2000. www.dge.de

Lützner, Hellmut: *Wie neugeboren durch Fasten.* München 1999

Schrott, Ernst: *Ayurveda – Jugend und Gesundheit ein Leben lang.* München 1997

Temelie, Barbara: *Ernährung nach den Fünf Elementen.* Sulzberg 1999

Website
Informationen zur Ernährung: www.dge.de

Umwelt

Wir stehen in ständigem Austausch mit unserer Umwelt. Wir nehmen Luft, Licht, Sonne und Nahrung auf und geben Verbrauchtes ab, das anderen Lebewesen – Pflanzen und Bakterien – dann wieder zur Nahrung dient. Sinneseindrücke, Stimmungen und Schwingungen treten von der Außenwelt in unser Inneres, unsere Energien und Handlungen beeinflussen wiederum das Außen. Unsere Haut ist die materielle Grenze, an der dieser Austausch stattfindet. Sie verbindet uns mit unserer Umwelt.

Unsere nächste Umwelt ist das, was wir auf unsere Haut tun, Cremes, Lotionen, Pasten, Düfte. Wir senden Signale aus, wir ziehen an und stoßen ab. Wir schützen und pflegen unsere Haut – kaschieren, manipulieren, irritieren aber auch – uns, unsere Haut und die weitere Umwelt, je nach Körperbewusstheit und Lebensstil.

Die nächsten Umweltschichten sind unsere Kleidung, unsere Wohnung und unser Wohnort.

All diese Schichten sollen einerseits durchlässig sein, die Zufuhr von Positivem und die Entsorgung von Negativem ermöglichen, andererseits aber auch undurchlässig sein, um uns vor Schädlichem zu bewahren.

- *Wir brauchen*: Licht, frische Luft, Sonne, Wärme, Nahrung, Sinneseindrücke, Körperkontakt, Begegnungen, Austausch, Hilfe, Freunde.
- *Wir entsorgen*: verbrauchte Luft, Müll, Fäkalien, ungesunde Lebenseinstellungen.
- *Wir schützen uns vor*: Kälte, Hitze, Wind, Witterung, Lärm, Schadstoffen, schädlichen Schwingungen, Reizüberflutung, Gefahren, Feinden.

Werden Ihre Körperpflege und Kleidung diesen Anforderungen gerecht? Vielleicht überprüfen Sie es und lassen sich von Folgendem anregen.

Die schönen 5 – Basistipps für Körperpflege und Kleidung

1. Geben Sie Ihrem Körper Gelegenheit, die *eigene Schutzschicht* auf der Haut zu erhalten. Benutzen Sie milde Körperreinigungsmittel. Waschen, cremen und parfümieren Sie das Natürliche nicht weg und ersetzen Sie es auch nicht durch eine oft hautunverträgliche Make-up-Schicht. Wenn man Ihnen ganz nahe kommt, sollte man Sie riechen können und nicht auf einen austauschbaren Allerweltsgeruch oder eine Parfümwolke treffen. Wenn Sie nur zur Entspannung duschen oder baden, verzichten Sie auf Duschgels und Seife. Eine gute Hand

voll (Meer-)Salz im Badewasser reinigt Sie energetisch, emotional und körperlich.

2. Ihre normale Kleidung sollte *locker und bequem* sein. Können Sie sich bewegen und große Schritte machen? Haben Ihr Hals, Bauch und Po Platz oder klemmt es irgendwo? Kann Ihre Haut atmen oder schmort sie im eigenen Saft? Wärmt Ihre Kleidung, wenn es kalt ist, oder müssen Blase und Nieren frieren?

   Wechseln Sie Ihre Kleidung nach anstrengenden oder belastenden Ereignissen. Reinigen und lüften Sie sich ebenso wie Ihre äußeren Hüllen.

3. In Ihren Schuhen sollten Sie einen *festen Stand* haben und gut gehen können. Haben Ihre Füße Luft und einen guten Bodenkontakt?

4. *Tragen Sie das, was Ihnen gefällt* und was Sie wirklich schön finden. Vergessen Sie, was angeblich zu Ihnen passt. Gehen Sie mal mit einem neuen Blick an Ihre Kleidung und stellen Sie sich das zusammen, was Ihnen wirklich zusagt. Lassen Sie sich beraten und tauschen sich mit Freundinnen oder Freunden aus. Sortieren Sie die Kleidung, die Sie nicht mehr brauchen, aus.

5. *Variieren Sie Ihre Kleidung,* je nachdem, wie Sie sich fühlen oder was Sie bezwecken. Vermeiden Sie jedoch Kleidung mit negativen Symbolen und Sprüchen.

Wenden wir uns nun der nächsten Umweltschicht, der Wohnung und dem Wohnumfeld, zu. Wenn wir auch hier die Schutz- und Kontaktaufgaben betrachten, kommen wir zu folgenden Grundanforderungen an eine gesunde Wohnung:

Die gemütlichen 10 – Basistipps für Wohnung und Wohnungseinrichtung

1. Eine Wohnung oder zumindest Ihre Hauptaufenthaltsräume sollten *Luft, Licht und Sonne* hineinlassen und Abgase, Lärm und Elektrosmog abwehren. Wohnen an Hauptverkehrsstraßen, neben Industrieanlagen, entlang von S-Bahn- oder Straßenbahnstrecken und in der Nähe von Handyfunkstationen ist mit vielen Belastungen und auf Dauer mit gesundheitlichen Risiken verbunden.

2. *Das soziale Umfeld sollte akzeptabel, Hof und Treppenhaus sollten zumindest sauber sein.* Kaum jemand ist gezwungen, in einer verkommenen Umgebung zu leben. In bestimmten Lebensabschnitten mag dies recht anregend und für die persönliche Entwicklung wichtig sein. Wenn man aber seine positive Lebenseinstellung nicht halten kann, sollte man doch lieber umziehen, um keine Energie zu verlieren.

3. Die Wohnung sollte so gelegen sein, dass man schnell *die Natur, einen Park oder Grünanlagen* erreichen kann. Einkaufsmöglichkeiten, Verkehrsanbindung und vor allem die Möglichkeit zu sozialen Kontakten sind wichtig.

4. Die Wohnung selbst soll *trocken sein und eine frische, helle und lebendige Atmosphäre* haben. Vor einem Einzug sollte man gründlich reinigen, renovieren und räuchern, um alte Energien zu vertreiben.

5. Richten Sie Ihre Wohnung *freundlich und klar* ein. Las-

sen Sie sich Platz für Bewegung und vermeiden Sie ein Zuviel an Möbeln. Entsorgen Sie allen alten Plunder. Alles was keinen guten Platz findet, herumliegt und stört, ist fehl am Platz und bremst Ihre Lebensenergie.

Dekorieren Sie Ihre Wohnung mit Bildern, Skulpturen, Edelsteinen und Gegenständen, die Ihnen Freude machen und Ihnen Kraft geben.

6. Ihre Wohnung sollte *Yin-Bereiche für Ruhe und Besinnung* ebenso wie *Yang-Bereiche für Bewegung und Aktivität* haben.

Sorgen Sie an Ihrem Schlafplatz und an Ihren wichtigsten Sitzplätzen für eine gute Rückendeckung. Schlafen und sitzen Sie nicht mit dem Rücken zur Tür, zu einem Fenster oder im Durchzug. Bevorzugen Sie die klassische Chefposition – den Rücken gestärkt, die Tür im Blick –, die Ihnen Kraft und Klarheit gibt, Ihr Leben zu meistern.

Achten Sie darauf, dass sich in Ihrer Wohnung niemand an spitzen Ecken und Kanten stoßen kann.

7. *Halten Sie zumindest Ihren Schlafbereich von Elektrosmog frei:* Verwenden Sie keine Halogenleuchten (starkes Magnetfeld) oder Neonröhren (nicht sichtbares, aber schädliches Flackern). Zu empfehlen sind Lampen mit normalen Glühbirnen. Fernseher und Computer sollten – selbst wenn sie ausgeschaltet und vom Netz getrennt sind – nicht in der Nähe des Bettes stehen. Bei Stereoanlagen reicht es, sie vom Netz zu trennen (Stecker raus!), die Schaltung auf »Stand-by« und »Aus« genügt nicht. Eingeschaltete Handys sollten Sie nicht

am Körper tragen, vor allem nicht in Höhe des Herzens oder des Unterleibes, und auch nicht neben Ihren Schlafplatz legen. Das Gleiche gilt für schnurlose Haustelefone nach dem digitalen DECT-Standard.

8. *Vermeiden Sie an Ihrem Schlafplatz Metall (Bettrahmen, Federkernmatratzen) und Spiegel, die direkt auf Ihr Bett zeigen:* Sie können schädliche Einflüsse von Sendeanlagen, Wasseradern oder schlecht abgeschirmten Stromleitungen auf Ihr Bett leiten. Verwenden Sie auch keine elektrischen Heizdecken oder Kissen. Damit würden Sie sich elektromagnetischen Feldern einer Größe aussetzen, die der unter einer Hochspannungsleitung entspricht.

Verwenden Sie keine chemischen Giftstoffe in Ihrer Wohnung. Achten Sie schon beim Renovieren auf lösungsmittelfreie/-arme Farben. Das Gleiche gilt beim Teppich- und Möbelkauf und später bei der Verwendung von Reinigungs- und Pflegemitteln.

9. *Lüften und reinigen Sie Ihre Wohnung regelmäßig und gründlich.* Räuchern Sie (mit Weihrauch, Salbei oder Räucherstäbchen), wenn jemand krank war oder wenn sich schlechte Energie, etwa nach einem Streit, angesammelt hat. Bringen Sie immer wieder frische Energie – beispielsweise mit frischen Schnittblumen – in Ihre Wohnung und entfernen Sie regelmäßig Altes, Verwelktes und Überflüssiges.

Auch mit Klangspielen, harmonischer Musik und Gesang können Sie die Energie Ihrer Räume verbessern.

10. *Achten Sie darauf, dass Ihre Klingel-, Briefkasten- und Wohnungsschilder in gutem Zustand sind.* Sorgen Sie auch auf diese Weise dafür, dass Sie eine gute Adresse haben. Denken Sie in Vorgärten und Hausfluren an eine ausreichende Beleuchtung.

Übungen

Seine persönliche Kraftrichtung entdecken

Gibt es Sitz- und Ruheplätze, an denen Sie sich besonders wohl fühlen? Und gibt es andere, die Ihnen ganz wenig behagen? Wichtige Kriterien für einen guten Platz sind gute Rückendeckung, bequeme Ausgestaltung, harmonische und beruhigende Umgebung, interessanter Ausblick und die Himmelsrichtung.

Achten Sie darauf, ob es für Sie eine bevorzugte Himmelsrichtung gibt, in die Sie gerne blicken. Richten Sie sich so aus, dass Sie sich wohl fühlen.

Dabei können Sie sich auch an der Feng-Shui-Lehre orientieren. Feng Shui unterscheidet zwei Hauptrichtungstypen – die Ost- und die Westgruppe. Die Ostgruppe schläft am besten mit dem Kopf in Richtung Ost, Südost, Süd oder Nord und blickt an wichtigen Sitzplätzen vorzugsweise in diese Richtungen. Die Westgruppe schläft am besten mit dem Kopf in Richtung West, Südwest, Nordwest oder Nordost und bevorzugt diese als Blickrichtung. Im Anhang finden Sie in der Tabelle »Feng-Shui-Richtungen« – abhängig von Ihrem Geburtsjahr und Ihrem Geschlecht – den Richtungstyp, den die Feng-Shui-Lehre Ihnen vorschlägt.

Wenn Sie nicht gut schlafen oder arbeiten, probieren Sie eine andere Ausrichtung Ihrer Schlaf- und Sitzplätze aus. Lassen Sie sich von Ratschlägen inspirieren, finden und vertrauen Sie jedoch Ihrem eigenen Stil. So kommen Sie auch im Leben zu einer Ihnen angemessenen Orientierung.

Seinen Wohntyp entdecken

Es gibt Menschen, die sich besonders gern zurückziehen, viel Ruhe und Entspannung brauchen, die sich gern zusammenkuscheln, lange gemütlich im Bett liegen, lesen, träumen, schlafen. Für diesen Typ ist es günstig, sich zumindest seinen Schlafplatz nach dem Prinzip »Höhle« einzurichten: weit hinten in der Wohnung, abgeschirmt von allen Störungen, sehr gemütlich, kuschelig und warm. Der »Höhlenbewohner« hat viel Gemeinsames mit dem indischen Vata- und dem Yin-Typ der chinesischen Lehre.

Andere bevorzugen einen weiten Blick, ein großes Aktionsfeld, auf dem sie agieren können. Sie brauchen viel Platz für Bewegung und Aktivität und Ausgänge, auf denen sie ihre Wohnung schnell verlassen können, um nach draußen, ins Freie, in die Natur oder die Stadt zu kommen. Sie fühlen sich schnell eingesperrt und lieben den Blick in die Ferne, von einem Balkon, einem Penthouse oder einem Berg. Sie sind viel unterwegs und nutzen ihre Wohnung zum Schlafen und für romantische Zweisamkeit. Dieser »Horst-Bewohner« hat viel Gemeinsam mit dem indischen Pitta- und dem Yang-Typ der chinesischen Lehre.

Ein dritter Typ liebt die Kommunikation im Kreise der Familie und die Gesellschaft mit Freunden. Er legt viel Wert auf eine praktische Küche, einen großen und geselligen Essplatz und eine gemütliche Sitzecke. Gut zur Wohnung passt ein Nutz- und Blumengarten für eine erholsame Freizeitbetätigung. Dieser

»Siedlungsbewohner« hat viel gemeinsam mit dem indischen Kapha- oder dem Erdetyp der chinesischen Elementelehre.

Fühlen Sie sich durch diese Typen angeregt, Ihre besonderen Bedürfnisse an Ihre Wohnung zu entdecken! Gestalten Sie Ihr Zuhause für Ihre Bedürfnisse nach Rückzug, Zweisam- und Geselligkeit.

Literaturtipps

Füsser, Klaus/Hölzer, Inga: *Feng Shui Kalender. Harmonisch Leben und Wohnen*. München 2000 ff

Jordan, Harald: *Kleidung – wie sie schützt und stärkt*. Freiburg 2001

Jordan, Harald: *Räume der Kraft schaffen*. Freiburg 1997

Kingston, Karen: *Feng Shui gegen das Gerümpel des Alltags*. Reinbek 2000

Langbein, Kurt/Mühlberger, Manfred/Skalnik, Christian: *Kursbuch Lebensqualität*. Köln 1995

Sator, Günther: *Feng Shui – Die Kraft der Wohnung entdecken und nutzen*. München 1998

Wansch, Franz: *Wohnen mit Körper, Geist und Seele*. Reinbek 1989

Website
Umweltlexikon: www.katalyse.de

Bewegung

Angemessene Bewegung stärkt Herz und Kreislauf, fördert Muskeln, Sehnen, Knochen und Gelenke, massiert Drüsen und Organe, regt das Immunsystem an, verbessert Beweglichkeit, Koordination und Konzentration und dient dem Stressabbau. Sport, Gymnastik, Bewegung als Meditation oder beim Spielen erhöhen ganz allgemein die Lebensfreude und Lebenskraft. Sie helfen dem gesamten Körpersystem, ein harmonisches Gleichgewicht zu finden. Ein Körper mit Bewegungsmangel speichert Giftstoffe und Schlacken, baut seine Fähigkeiten zum aktiven Handeln ab und reduziert sein intellektuelles, körperliches, soziales und spirituelles Potenzial. »Wer rastet, der rostet« und »Der Körper ist ein Tempel der Seele« sind Redewendungen, die uns daran erinnern.

Treiben Sie Sport und bewegen Sie sich mit Freude. Was Ihnen auf Dauer keinen Spaß macht, was Sie nur aus Ehrgeiz oder Pflichtgefühl tun, fördert Sie nicht. Aber probieren Sie Neues aus, fangen Sie langsam an, bleiben Sie am Ball und stehen Sie leichte Anfangsschwierigkeiten durch.

Sie sollten beim Sport zumindest innerlich lächeln, wenn Sie auf die Zähne beißen und ein verkniffenes Gesicht machen, überfordern Sie sich vermutlich. Tänzeln Sie eher und bewegen Sie sich beschwingt, als dass Sie auf den Boden stampfen oder Ihren Körper bezwingen.

Wenn Sie älter sind und wenig sportliche Erfahrungen haben oder weit von einem körperlichen Gleichgewichtszustand entfernt sind, sollten Sie sich von Ihrem Arzt, Therapeuten oder Heilpraktiker beraten lassen, welche Bewegungsart für Sie am besten ist. Auch in manchen Fitness- und Wellnessstudios oder in speziellen Gesundheitseinrichtungen können Sie eine medizinische Grunduntersuchung machen und ein individuelles Training für sich zusammenstellen lassen.

Allgemein wird empfohlen, mindestens zweimal die Woche etwa 30 Minuten eine Ausdauersportart (Rudern, Radfahren, Schwimmen, Fitnesstraining, Skilanglauf, Inline-Skaten, Joggen) zu betreiben. Beginnen Sie langsam, bis Ihr Körper warm ist, und integrieren Sie sanfte Dehnübungen in Ihr Training. Vor allem sollten Sie sich nach dem Sport einige Zeit der Ruhe und Entspannung gönnen. Bevorzugen Sie für Ihr Training eine schöne Umgebung, am besten im Freien bzw. in der Natur.

Um einen positiven Trainingseffekt zu erreichen, muss Ihr Puls in einem günstigen Arbeitsbereich liegen. Sie sollten leicht gefordert sein, ohne Ihren Körper zu belasten. Dann stärken Sie Ihr Herz, Immunsystem und Ihre Lebensfreude. Wenn Sie zu wenig machen, passiert nicht viel. Wenn Sie zu viel tun, schaden Sie Ihrer Gesundheit. Ihr Körper soll sich in einem aeroben Zustand befinden, was heißt, dass Sie gerade so viel Sauerstoff einatmen, wie Ihr Körper verbraucht. Dann bauen Sie überflüssige Fette ab, fördern Kreislauf und Muskelaufbau und setzen »Glückshormone« frei. Wenn Sie mehr Sauerstoff verbrauchen, als Sie einatmen, gelangen Sie in die anaerobe Phase. Ihr Körper gerät in eine Art Stress, den Sie tags darauf als Muskelkater spüren. Sie belasten Kreislauf und Immunabwehr und verbrennen weniger Fett und andere Schlacken als in der aeroben Phase.

Als Überschlagsformel für den Puls (also Herzschläge pro Minute), den man beim Training nicht überschreiten, aber auch nicht wesentlich unterschreiten sollte, gilt:

• Trainingsbelastung = 180 minus Lebensalter

Für Vierzigjährige also wären es 140 Herzschläge pro Minute. Wenn Sie älter als fünfzig sind, sportlich unerfahren oder chronisch krank, sollten Sie Ihren Trainingspuls vom Arzt bestimmen lassen. Ansonsten können Sie ihn auch genauer als in der Überschlagsformel mit einer Pulsuhr ermitteln: Sie messen eine Zeit lang Ihren Ruhepuls (beispielsweise 70 Herzschläge pro Minute), dann bringen Sie Ihren Puls an seine Höchstgrenze, also so weit, dass Sie schon ganz schön aus der Puste sind. Bei einem Dreißigjährigen vielleicht bei 190, bei einem Fünfzigjährigen bei etwa 170 Schlägen pro Minute. Dann ziehen Sie den Ruhepuls vom Höchstpuls ab, nehmen von diesem Wert 60 bis 70 Prozent und addieren ihn zum Ruhepuls hinzu. Damit haben Sie nun Ihren Trainingswert ermittelt.

Beispiel: Aus einem Ruhepuls von 65 und einem Höchstpuls von 175 ergibt sich eine Differenz von 110, 60 Prozent davon sind 66, 70 Prozent davon 77. Nehmen wir eine glatte Zahl, nämlich 70, dann erhalten wir einen Trainingspuls von 135 Herzschlägen pro Minute.

Fangen Sie beim Ausdauertraining langsam an, bis Sie Ihren Trainingspuls fast erreichen, und bleiben Sie etwa eine halbe Stunde in diesem Leistungsbereich. Sie sollten sich dabei wohl fühlen und durch die Nase ein- und ausatmen können.

Für fast alle Menschen ist empfehlenswert, Ausdauersport zu betreiben. Wählen Sie eine Sport- und Bewegungsart, die für Sie vorteilhaft ist, Ihnen Freude macht und Ihnen gut tut. Bei Ihrer Auswahl können Sie sich auch von Empfehlungen für Ihren Körpertyp anregen lassen (siehe die Definitionen der Typen ab Seite 80).

Empfehlungen für verschiedene Körpertypen

- *Vata-Typ (Ayurveda), Kälte-(Yin)Typ (chinesische Yin-Yang-Lehre):*
  positive Reaktionen auf: Energie- und Kraftaufbau, Erwärmung, Anregung, Entspannung, Beruhigung, Freude;
  negative Reaktionen auf: Auspowern, Auskühlung, zu viel Disziplin;
  günstige Sport- und Bewegungsarten (Auswahl): Radfahren, Skaten, Fitnesstraining, Joggen, Skilanglauf, kreativer Tanz, afrikanischer Tanz, Tai Chi, Qi Gong, Aikido, Golf, Badminton, Turnen.
- *Pitta-Typ (Ayurveda), Hitze-(Yang)Typ (chinesische Yin-Yang-Lehre):*
  positive Reaktionen auf: Stress- und Aggressionsabbau, Wettkampf, Auslauf, Bewegung, Besinnung, Konzentration;

negative Reaktionen auf: Enge, Starrheit, Langeweile, aber auch Übertreibung;

günstige Sport- und Bewegungsarten (Auswahl): Radfahren, Skaten, Joggen, Wettkampfsportarten, Kampfsportarten, Tennis, Rudern, Südamerikanischer Tanz, Yoga, Bogenschießen.

- *Kapha-Typ (Ayurveda), Erde-Typ (chinesische Fünf-Elemente-Lehre):*

  positive Reaktionen auf: Anregung, Bewegung, Kreislauftraining, Fett- und Schlackenabbau, Verbesserung der Koordinationsfähigkeit;

  negative Reaktionen auf: Überbelastung des Kreislaufs und des Bewegungsapparates;

  günstige Sport- und Bewegungsarten (Auswahl): Radfahren, Schwimmen, Walking, Skaten, Wandern, Gesellschaftstanz, Volkstänze, Tischtennis, Tai Chi, Qi Gong, Yoga.

Im Allgemeinen gelten folgende Sportarten in ihrer Gesamtwirkung als besonders günstig (Tai Chi, Qi Gong, Yoga und Tanz sind hier nicht mitbewertet): Rudern, Leichtathletik (Fünfkampf), Schwimmen, Fitnesstraining, Skilanglauf, Radfahren, Turnen, Basketball, Aikido, Tennis, Tischtennis, Golf, Joggen.

Vielleicht haben Sie Lust, Bewegung und Körpertraining in Ihren ganz normalen Tagesablauf zu integrieren. Wenn Sie das sehr intensiv machen, können Sie auch auf jedes besondere Trainingsprogramm verzichten. Sie sollten dann aber auch jeden Tag zwei bis drei längere körperliche »Trainingsphasen« haben und etwa eine halbe Stunde pro Tag richtig ins Schwitzen kommen. Also Treppen steigen, mit dem Rad zur Arbeit fahren, einen Hügel zügig erklimmen, Gartenarbeit, Kinder tragen, spazieren gehen, Tanzen und Sex haben.

Wenn Sie einen Beruf ausüben, bei dem Sie körperlich gefordert sind, achten Sie auf ausgleichende Bewegung und Entspannung (beispielsweise durch Yoga). Bei überwiegend sitzender Tätigkeit machen Sie zumindest alle zwei Stunden eine Pause, gehen Sie ein paar Schritte, strecken Sie sich, machen Sie ein paar Körperübungen und entspannen Sie Ihre Augen.

Die eleganten 8 – Qi-Gong-Übungen für Ihr Wohlergehen

Diese Übungen entstammen der chinesischen Tradition. Sie laden die inneren Energiezentren auf, reinigen die Meridiane und balancieren Körperstrukturen aus. Am besten machen Sie die Übungen morgens im Freien oder bei geöffnetem Fenster. Lockern Sie sich vorher ein wenig, indem Sie auf und ab gehen, sich schütteln, Grimassen schneiden und kräftig aus- und einatmen.

Dann suchen Sie sich einen guten Platz, an dem Sie sich aufrecht hinstellen, zur Ruhe kommen und in den Bauch atmen. Praktizieren Sie jede Übung fünf- bis zehnmal und gegebenenfalls abwechselnd nach rechts und links. Wenn Ihnen Teile der Übungen nicht behagen, wandeln Sie sie so um, dass Sie sich wohl fühlen. Sie können diese Übungen auch vor oder nach einem Ausdauertraining machen.

»Den Himmel
mit beiden Händen hochhalten«

Verbessert den Kreislauf in den inneren Organen, regt den Herzmeridian an.

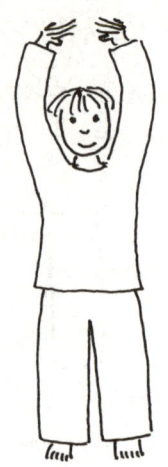

Atmen Sie ein, während Sie die Arme über den Kopf heben, die Finger verschränken und mit den Handflächen nach oben drücken. Atmen Sie aus, während Sie die Arme an der Seite absenken.

»Den Bogen öffnen«

Dehnt den Brustkorb, regt den Lungenmeridian an.

Ausgangshaltung: Kreuzen Sie die Arme vor der Brust. Atmen Sie ein, während Sie einen Arm auf Schulterhöhe seitlich ausstrecken, den anderen halten Sie in Brusthöhe. Schauen Sie dabei in die Richtung des ausgestreckten Arms. Atmen Sie aus, während Sie zur Ausgangshaltung zurückkehren. Blicken Sie dabei nach vorne.

»Die Hände getrennt anheben«

Stärkt die Verdauung, regt die Meridiane des Dünndarms und des Dickdarms an, harmonisiert Magen und Milz.

Atmen Sie ein, während Sie einen Arm nach oben und den anderen nach unten strecken. Drücken Sie mit der einen Handfläche nach oben und mit der anderen nach unten, wobei die Finger zur Körpermittellinie zeigen. Atmen Sie aus, während Sie die Hände mit den Handflächen nach oben vor den Bauch bringen.

»Nach hinten schauen«

Vermindert die Erschöpfung in den fünf Yin-Organen (Niere, Leber, Herz, Milz/Pankreas und Lunge).

Atmen Sie ein, während Sie die Arme seitwärts und nach hinten bewegen und den Kopf zu einer Seite drehen. Atmen Sie aus, während Sie die Arme wieder nach vorn bringen und vor Ihrem Gesicht kreuzen.

»Mit dem Rumpf und dem Kopf pendeln«

Befreit das Herz und entspannt die Nieren-
gegend.

Atmen Sie aus, während Sie sich zu einer
Seite strecken. Atmen Sie ein, wenn Sie zur
aufrechten Position zurückkehren. Wiederholen Sie diesen Ablauf zur anderen Seite
sowie nach vorn und hinten. Danach beschreiben Sie mit Ihrem Rumpf einen Kreis,
indem Sie ihn oberhalb des Beckens drehen. Atmen Sie ein, wenn Sie sich nach
hinten bewegen, atmen Sie aus, wenn Sie
nach vorne gehen. Drehen Sie sich einige
Male rechts und links herum.

»Auf den Zehen stehen«

Verbessert das allgemeine Gleichgewicht
des Körpers und stärkt die Meridiane des
Magens und der Niere.

Atmen Sie in den Bauch, während Sie die
Fersen anheben und sich auf die Zehen
stellen. Atmen Sie aus, während Sie die
Fersen wieder auf den Boden absenken.

»Mit zornigen Augen boxen«

Löst Blockaden in Schultern und Armen, entspannt das Gesicht und stärkt das Selbstbewusstsein.

Atmen Sie aus, während Sie mit der rechten Faust nach vorne boxen, die linke halten Sie am Körper in Höhe des Solarplexus. Atmen Sie ein, während Sie die rechte Faust zurückführen. Wiederholen Sie dies mit der linken Faust und danach zu beiden Seiten des Körpers. Schneiden Sie während des Boxens wütende Grimassen.

»Die Zehen halten und den Rücken strecken«

Erhöht die Beweglichkeit, regt alle Bein-meridiane an.

Atmen Sie aus, während Sie mit den Händen (wenn möglich mit durchgedrückten Knien) den Boden berühren und Ihre Zehen umfassen. Atmen Sie ein, während Sie sich erheben. Atmen Sie aus, während Sie mit den Händen auf den Hüften den Rücken nach hinten strecken. Atmen Sie ein, während Sie in die aufrechte Ausgangsstellung zurückkehren.

Diese Übungen haben den praktischen Vorteil, dass sie einfach sind, wenig Zeit beanspruchen und im Stehen ausgeführt werden können.

Qi Gong bietet viele weitere und auch umfangreichere Übungsreihen im Stehen, Sitzen und in Bewegung. Yoga hat mit »Surya Namaskara« – dem Sonnengruß – ebenfalls eine kurze und vorzügliche Übungsreihe, und auch die »Fünf ›Tibeter‹« können wir empfehlen. Bei allen Übungen gilt: Seien Sie achtsam, gehen Sie liebevoll mit Ihrem Körper um und finden Sie Ihr persönliches rechtes Maß.

Übungen

Augenentspannung (Palmieren)

Vor allem wenn Sie an einem Computerarbeitsplatz sitzen, sollten Sie diese Übung öfters machen.

Blicken Sie zur Seite und in die Ferne. Klimpern Sie mit den Augenlidern, schneiden Sie Grimassen und verdrehen Sie Ihre Augäpfel. Nun reiben Sie Ihre Handflächen kräftig aneinander, bis sie warm werden. Verdunkeln Sie dann Ihre geöffneten Augen, indem Sie mit den Handflächen ganz sanft Ihre Augenhöhlen abdecken. Machen Sie einige tiefe Atemzüge, entspannen Sie und genießen Sie die Wärme.

Literaturtipps

Kelder, Peter: *Die Fünf »Tibeter«.* München 1999
Lam Kam Chuen: *Chi Kung. Weg der Heilung.* Sulzberg 1999

Langbein, Kurt/Mühlberger, Manfred/Skalnik, Christian: *Kursbuch Lebensqualität*. Köln 1995

Sivananda Yoga Zentrum: *Yoga*. München 2000

Strunz, Ulrich: *Forever young – Das Leicht-Lauf-Programm*. München 2001

Waesse, Harry: *Yoga für Anfänger*. München 1999

Zöller, Josephine: *Das Tao der Selbstheilung – Die Kunst der Meditation in der Bewegung*. Berlin 1994

Heilung

Krankheit kann das ins Gleichgewicht bringen, was wir in unserem Leben übersehen, versäumen oder nicht wahrhaben wollen. Sie zwingt uns zur Ehrlichkeit: Unser Körper zeigt nun das, was wir in unserem *Inneren*, in unserer Psyche nicht bearbeiten wollten. In diesem Sinne ist Krankheit auch Er-innerung: Sie kann uns den Weg zu uns selbst zeigen.

Krankheit kann sanft sein, uns ein paar Tage Ruhe vom Stress und Zeit zur Besinnung geben. Wir waren vielleicht nicht aufmerksam, haben unseren Alltag nicht so organisiert, wie er für uns verträglich gewesen wäre, oder wir haben uns Sorgen gemacht und die Harmonie im Hier und Jetzt nicht mehr gespürt. Vielleicht haben wir aber auch über die Stränge geschlagen, um Langeweile oder seelische Schmerzen nicht zu spüren.

Krankheit kann sehr streng sein, uns sogar in den Tod führen. Schwere chronische Krankheiten können ein Zeichen dafür sein, dass wir schon seit langem Hinweise in unserem Leben ignoriert haben, statt eine notwendige Veränderung einzuleiten. Dafür ist es glücklicherweise nie zu spät – selbst wenn Ihr Körper krank ist und vielleicht auch bleibt.

Die Veränderungen betreffen häufig unser äußeres Leben: Partnerschaft, Familie, Freundeskreis, Beruf, Wohnort, Lebensstil. Vor allem geht es jedoch um die Wandlung unserer inneren Lebenseinstellung: mehr Verantwortung für unsere Lebenssituation, mehr Aufmerksamkeit und Achtsamkeit, mehr Herz, Dankbarkeit und Demut.

Dann können wir auch unseren Stolz lassen und uns unseren Freunden und Angehörigen anvertrauen. Es ist tröstend und verbindend, wenn wir Mitgefühl erfahren. Falls wir allerdings Mitleid erheischen wollen oder gar andere für unser Leid verantwortlich machen, schwächen wir uns und verhindern Heilung.

Wenn Sie die Befürchtung haben, ernstlich erkrankt zu sein, gehen Sie zu einem Arzt und lassen Sie sich untersuchen. Machen Sie das, weil Sie es zu Ihrer Information brauchen, damit Sie sich beruhigen oder die nächsten Schritte angehen können. Zögern Sie diesen Termin nicht hinaus! Suchen Sie zusätzlich auch immer Alternativen, etwa indem Sie Heilpraktiker oder Heiler konsultieren. Wenn Sie ernsthaft erkrankt sind, ist spätestens jetzt der Zeitpunkt, sich eine psychotherapeutische und vielleicht auch spirituelle Begleitung zu holen. Es kommt jedoch darauf an, für Ihr Hier und Jetzt Lösungen zu finden, lange Analysen der Vergangenheit sind zumindest bei akuten Problemen nicht zu empfehlen. Sie sollten lernen, *wie* Sie

Ihre Krankheit erzeugen und *wie* Sie damit aufhören können. Die Frage nach dem *Warum* ist eine philosophische Betrachtung, die angesichts der Notwendigkeit Ihrer Heilung unbedeutend ist.

Tragen Sie die Verantwortung für Ihre Heilung, verurteilen Sie sich aber nicht für das, was geschehen ist. Sie haben das getan, was Sie getan haben. Es ist müßig, darüber nachzudenken, »was wäre, wenn …«. Wenden Sie Ihr Schicksal jetzt, indem Sie Ihr Leben in diesem Augenblick in die Hand nehmen. Und seien Sie liebevoll und behutsam mit sich selbst, erinnern Sie sich daran, dass auch Gott, der Kosmos – oder wie immer Sie es ausdrücken wollen – möchte, dass Sie zur Harmonie zurückfinden und sich heilen. Wenn Sie sich auf den Weg machen, werden Sie Unterstützung erfahren. Sie können darüber hinaus um Hilfe bitten und beten.

Heilung kann auch bedeuten, dass Sie in Ihrem Leben Frieden finden und dennoch krank bleiben. Es gibt keine Garantie für Gesundheit. Krankheit kann Ihr Schicksal und Ihr Weg sein. Darin liegt dann auch ein Sinn, den Sie entdecken sollen.

Die Fünf Elemente

Das System der Fünf Elemente, die Basis der Traditionellen Chinesischen Medizin (TCM), sieht folgende Zusammenhänge:

- Das Element *Feuer* symbolisiert Freude und Liebe und ist gut für Herz und Kreislauf.

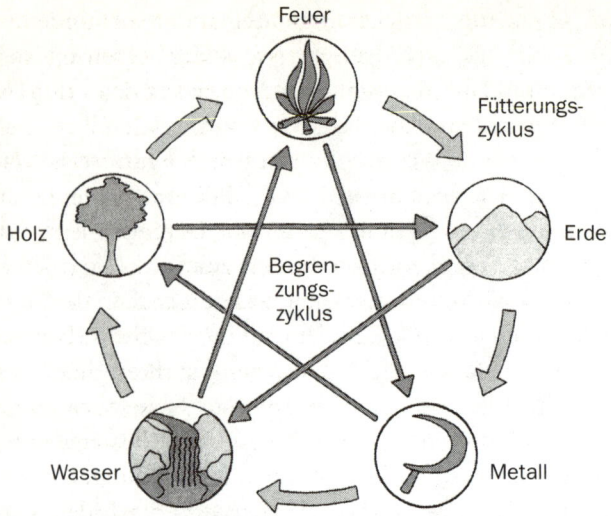

Feuer

Fütterungs-
zyklus

Holz

Erde

Begren-
zungs-
zyklus

Wasser

Metall

Fütterungszyklus: Holz nährt das Feuer, das zur Asche verbrennt und dadurch fruchtbare Erde erzeugt. In der Erde wächst das Metall (Erz), an dem Wasserdampf kondensiert. Das Wasser wiederum dient dem wachsenden Holz zur Nahrung.

Begrenzungszyklus: Wachsendes Holz zehrt die Erde aus, die Wasser eindämmen kann. Wasser löscht Feuer, das wiederum Metall schmilzt. Metall vermag Holz zu schneiden und zu bearbeiten.

- Die *Erde* steht für Geborgenheit und Erdverbundenheit und fördert Magen, Milz und Bauchspeicheldrüse.
- *Metall* repräsentiert Klarheit und Entschlossenheit und entspricht Lunge und Dickdarm.
- *Wasser* meint geistige Offenheit und Kommunikation und ist mit Niere und Blase verbunden.
- *Holz* ist Symbol für den kreativen und lebendigen Lebensdrang, der Leber und Galle stärkt.

110

Diese Elemente sind vielfältig miteinander verbunden, sie können sich unterstützen (»füttern«) oder begrenzen (siehe Abbildung). Die chinesische Medizin liefert dazu differenzierte Untersuchungsmethoden (etwa unterschiedliche Pulsmessungen zur Analyse jedes Elements/Organkreises) und Therapien (Akupunktur, Diäten). Bei einem Herzleiden könnte ein erstes Herantasten an eine Diagnose sein: Dem Klienten fehlt Lebensfreude (Feuer) zur Stärkung des Herzens. Kreative Betätigungen und Spaziergänge in der Natur (Holz) könnten sein Feuer nähren. Eine positive Lebenshaltung, Liebe und »Gefühle zu zeigen« stärken direkt sein Herz. Meditation und eine entspannte Suche nach seinem Lebenssinn fördern den spirituellen Aspekt des Feuers und mildern das Herzensleid. Alltagsverpflichtungen (Erde) sollten auf ein notwendiges Maß reduziert werden, denn Erde laugt das Feuer aus.

Körper und Seele: Was uns Symptome über uns selbst sagen

Welche Fragen eine Krankheit stellt, auf welchen Irrweg sie aufmerksam macht und wohin sie eine Wendung wünscht, können Sie an folgenden Entsprechungen und Fragestellungen ablesen (weitere derartige Informationen liefern vor allem die Bücher von Thorwald Dethlefsen und Ruediger Dahlke; siehe Literaturverzeichnis):

- *Allergien*
  Der Körper reagiert aggressiv auf eigentlich körperverträgliche Substanzen. Vermutlich wird das Thema Aggression vermieden. Während man nach außen friedlich erscheint, schäumt innen das Blut. Ob vor Schreck, Wut oder Lust – darauf können die Allergene, auf die man so empfindlich reagiert, hinweisen. Was symbolisieren Pollen, was Wolle oder Katzenhaare, wofür steht Hausstaub und wofür bestimmte Lebensmittel? Was verbinden Sie mit diesen Stoffen?

- *Atmung*
  Atmen hat mit Geben und Nehmen, mit Freundschaft und Kontakt zu tun. Wo bin ich eng und möchte das Leben nicht annehmen, welche neue Freiheiten gestatte ich mir nicht, halte ich an »altem Muff« fest? Was hat mich verschnupft und wem möchte ich etwas husten? Traue ich mich aufzuatmen, mich zu strecken, meine Brust zu füllen und meinen Platz im Leben einzunehmen? Lasse ich wieder los, entspanne mich und atme aus oder möchte ich selbst die verbrauchte Luft in mir halten? Bin ich großzügig im Geben und Nehmen oder halte ich die Luft an, wenn mir etwas oder jemand nahe kommt? Rauche ich, um vielleicht die Intensität oder auch die Langeweile eines Augenblicks nicht zu spüren?

- *Haut*
  Die Haut ist die Grenze zwischen uns und unserer Umwelt. Hier geht es um die Themen Kontakt, Nähe, Intimität, Abgrenzung. Kann ich aus meiner Haut raus? Wie gehe ich mit meinem dicken Fell oder mit meiner

Dünnhäutigkeit um? Was reizt mich und was juckt mich?

Beim Thema Haut geht es fast immer um den persönlichen rechten Abstand im Kontakt zu anderen Menschen und überhaupt zur gesamten Umwelt. Was sind meine Aufgaben? Was sind die meines Gegenübers? Wo mische ich mich unangemessen ein, wo halte ich mich übermäßig bedeckt?

Was geht mir unter die Haut? Schlägt meine Haut für mich aus? Kann ich mich meiner Haut erwehren?

Hier gilt es, seine Grenzen auszutesten, sich immer wieder zu öffnen und sich auch immer wieder abzugrenzen. Zu lernen, sein Maß zu finden, bevor es zu viel wird oder bevor andere von einem Besitz ergreifen.

Die Haut ist auch ein Atmungsorgan, und so verwundert es nicht, dass mancher ungelöste psychische Konflikt seinen Ausdruck mal auf der Haut und mal in Bronchien und Lungen findet. Wenn schwere Erkrankungen der Atmungsorgane heilen, kann es sein, dass sie den Körper erst über den Weg der Haut verlassen. Seelische Konflikte, die sich auf der Haut zeigen und die nicht bearbeitet werden, setzen sich manchmal auch in den Lungen fest und erzwingen so vermehrte Aufmerksamkeit.

- *Herz und Kreislauf*

Herz und Kreislauf haben eine enge Beziehung zur Lebensfreude, Liebe und Sexualität. Man sagt, dass Menschen mit niedrigem Blutdruck ihre Grenzen nicht herausfordern, Menschen mit hohem Blutdruck das Leben zwingen wollen und dadurch ständig unter Spannung stehen.

Herzkrankheiten entstehen, wenn wir nicht auf unser Herz hören, unsere Gefühle verdecken, eng und hart sind. Herzhaftes Lachen, Herzlichkeit und Großherzigkeit stärken das Herz. Verrücktheiten schützen vor Herzrhythmusstörungen. Liebe und Sex halten uns gesund. Werde ich dick, weil ich Zucker mit Freude und Liebe verwechsle, verkalke ich, weil ich psychisch und physisch unbeweglich geworden bin oder weil mir Prinzipien wichtiger sind als die Liebe?

- *Infektionen*
Infektionen weisen oft auf vermiedene, verdrängte und nicht ausgetragene Konflikte hin. Im Körper herrscht Krieg, weil seelische Auseinandersetzungen gescheut werden.

- *Knochen und Gelenke*
Unser Skelett gibt uns Halt und Aufrichtigkeit.

Ein Hexenschuss zwingt zur Ruhe und fordert, sich mit diesen Themen auseinander zu setzen. Welche Verrenkungen, Verdrehungen und Seitensprünge mache ich in meinem Leben? Was sind meine wirklichen Bedürfnisse, die dahinter versteckt sind? Habe ich genügend Mumm in den Knochen, sie zu befriedigen?

Bandscheibenprobleme fordern noch grundsätzlicher auf, etwas zu ändern. So geht das Leben nicht weiter! Es muss ebenso wie eine Bandscheibe eingerenkt und zurechtgerückt werden. Nur so können Sie wieder in einer aufrechten Haltung und mit dem Blick nach vorn durchs Leben gehen.

Schwierigkeiten mit den Gelenken deuten geistige Unbeweglichkeit an. Auf was haben Sie sich versteift? Wo gehen Sie zu weit? Stauchen Sie sich zusammen?

- *Kopfschmerzen*
Wo bin ich dickköpfig und versuche, mit dem Kopf durch die Wand zu gehen? Worüber zerbreche ich mir den Kopf? Könnte Handeln meinen Gedankenstau auflösen? Vermeide ich Sex? Denke ich über Sex nach, anstatt meine Sexualität zu leben?

- *Niere und Blase*
Wenn einem etwas an die Nieren geht, hat das oft mit dem Thema Partnerschaft zu tun. Wie kann eine Beziehung sich weiterentwickeln? Wie kann jeder in der Partnerschaft auch seinen eigenen Weg gehen? Was zeigt mein Partner mir, was ich nicht sehen möchte? Was ärgert mich an ihm und was sagt mir das über mich?

  Längere Zeiten mit Angst und Druck münden oft – besonders bei Frauen – in Blasenerkrankungen. Mit welchen Vorurteilen über mich, über andere, über das Leben setze ich mich unter Druck? Welche Befürchtungen habe ich, wer oder was macht mir Angst? Loslassen, weinen und viel trinken helfen, die Blockaden und Erkrankungen aus dem Körper zu spülen. Wärme und Geborgenheit schaffen Vertrauen zur Heilung und Entwicklung.

- *Sexualorgane*
Sexualität hat mit Lebenskraft, Reproduktion und Kreativität zu tun. Unterleibserkrankungen zeigen – sowohl bei Frauen als auch bei Männern – ein Ungleich-

gewicht in diesen Themen an. Wenn eine Frau Probleme mit den Eierstöcken oder der Gebärmutter hat, geht es um fruchtbare Prozesse, um Kinder und Schaffenskraft. Wenn dazu Mut und Energie fehlen, mahnen die entsprechenden Organe dies an.

Die weibliche Brust steht für Mütterlichkeit, Ernährung, Geborgenheit und Lust. Sie erinnert oder fordert auf, den eigenen Traum zu leben. Was ist wirklich wichtig in meinem Leben, bin ich offenherzig, zeige meine Kraft und meine Gefühle? Was bedeutet Frau zu sein für mich? Lasse ich mein Herz erweichen und bringe ich mütterliches Verständnis auf? Wie kann ich liebevoll und mütterlich zuallererst für mich und vielleicht dann auch für andere sorgen?

Bei der Prostata geht es um Vertrauen in die eigene Sexualität und Vitalität. Prostataentzündungen fordern auf, sich mehr auf seine Sexualität einzulassen und seinen Weg als Mann zu finden, jenseits aller Rollen wie beispielsweise Macho oder Softie. Prostatavergrößerungen wollen an den weiblichen Pol des Mannseins erinnern, möchten eine Abkehr von männlichen Größenfantasien und regen an, Hingabe und Erotik in der Sexualität zu leben.

Die Prostata kann – ähnlich wie die Blase – Verunsicherungen in existenziellen Lebensgrundlagen ansprechen. Hier geht es dann darum, Vertrauen in die eigene Lebenskraft und die Geborgenheit des Daseins zu finden. Angst verspannt den Beckenboden, Liebe entspannt.

Sexuelle Lust kann man nicht erzwingen. Sie kommt,

wenn man loslässt und sich ihr hingibt. Impotenz, Frigidität und Orgasmusschwierigkeiten sind eigentlich keine Probleme, sondern Aufforderungen, es anders zu machen. Was bereitet mir wirklich Freude, was macht mir Lust? Habe ich schon aufgegeben und glaube nicht mehr daran, dass Sex wunderschön und beglückend sein kann? Trauen Sie sich wieder Neues auszuprobieren und lassen sich von kleinen Missgeschicken nicht entmutigen. Heute läuft es halt so und morgen vielleicht anders. Erforschen Sie Ihre Sinnlichkeit, erweitern Sie Ihre Grenzen und verabschieden Sie den Leistungsdruck. Müssen Sie denn wirklich etwas bringen? Seien Sie doch einfach so, wie Sie sind und freuen sich darüber. Sie sind doch sowieso liebenswert, und wenn Sie entspannt sind, können das auch andere besonders gut spüren.

- *Sinnesorgane*
  Was möchte ich nicht sehen? Wird mein Blick auf das Naheliegende geworfen (Kurzsichtigkeit), vielleicht auf meinen Körper und meine Sinnlichkeit? Soll ich einen Blick für das Große, die Gesamtzusammenhänge bekommen (Weitsichtigkeit), vielleicht auch, um meinen Alltag, mein Leben und das meiner Mitmenschen mit liebevoller und wohlwollender Distanz zu betrachten?

  Was möchte ich nicht hören? Höre ich auf meine innere Stimme? Was wird mir zu viel und will ich gar nicht in mich hineinlassen? Erhöre ich meine Mitmenschen oder sind sie mir egal? Habe ich zu viel um die Ohren?

Was schmeckt mir nicht in meinem Leben, was hinterlässt einen bitteren Geschmack? Wen kann ich nicht riechen, was stinkt mir, wovon habe ich die Nase voll?

- *Verdauung*
Habe ich Biss? Verdaue ich geistige Nahrung oder schlucke ich alles, was mir geboten und zugemutet wird, einfach herunter? Wie gehe ich mit meinen Gefühlen um? Zeige ich sie oder bin ich sauer und fresse sie in mich hinein? Wovon ist mir einfach zum Kotzen?

Magenkranken sagt man nach, dass sie keine Konflikte ausleben wollen, dass sie sich zurückziehen und nach einer konfliktfreien Kindheit sehnen. Wer den aggressiven Akt des Kauens, auch durch die Höhen und Tiefen des Lebens, nicht leisten will, muss dann wieder Breinahrung zu sich nehmen. Kauen ist sinnvoll, Durchbeißen übertrieben, vor allem dann, wenn es zu Magengeschwüren führt.

Diabetiker können Zucker, ein Symbol für Liebe, nicht aufnehmen. Hier ist die Aufgabe zu lernen, Liebe anzunehmen, in sich zu lassen und ein süßes Leben zu führen. Dann kann man auch selbst wieder Liebe geben und muss nicht den Zucker im Harn der Welt schenken.

Kann ich Dinge hinter mir lassen, kann ich Pflichten und Aufgaben loslassen oder halte ich alles beisammen und verstopfe? Bin ich vielleicht übermäßig kritisch, pingelig und genau und überfordere damit meine Verdauungsfähigkeiten? Setze ich mich mit den unbewussten, dunklen Seiten meines Lebens auseinander oder möchte ich die schmutzigen Seiten lieber nicht sehen? Habe ich leicht »Schiss« oder bin ich sogar ein »Schleimscheißer« und möchte das überhaupt nicht wahrhaben? Dann macht mein Körper mich umso deutlicher darauf aufmerksam!

Die Leber steht für das rechte Maß dessen, was mir zuträglich und was zu viel des Guten ist. Sie möchte eine aktive Auseinandersetzung mit dem Leben und eine Anbindung an das große Ganze. Leberentzündungen (Hepatitis) zeigen oft Sinnkrisen an – der Kranke wird zur Ruhe gezwungen, vielleicht um wieder zu Gott, zu seiner Seele, zum Urgrund des Seins zurückzugehen und Rückendeckung für sein Leben zu finden. Leberzirrhose kann anzeigen, dass man auf seiner Suche in die Sucht geraten ist und das rechte Maß verloren hat.

Der Volksmund sagt: »Jemand spuckt Gift und Galle« und »Dem ist wohl eine Laus über die Leber gelaufen.« So stehen Leber und Galle auch für Aggressionen. Nicht ausgesprochene Wut kann die Leber schädigen und auch zu Gallenbeschwerden führen. Hier braucht das Leben Kreativität und Ausdruck, damit der Körper heilen kann.

Die gesunden 12 – Grundregeln für Ihre Gesundheit

1. *Sie sind der Schöpfer Ihrer Lebensumstände.* Sie sind kein Opfer. Tragen Sie Verantwortung für Ihr Leben.

2. *Ernähren Sie sich gut, bewegen Sie sich, schlafen Sie ausreichend, denken Sie positiv und freuen Sie sich des Lebens.* Stärken Sie Ihren Körper und Ihr Abwehrsystem bei Bedarf mit Vitaminsäften, Vitamin- und Mineralstoffpräparaten oder auch mit guten Ginsengprodukten.

3. *Setzen Sie sich mit Ihrem Leben auseinander.* Sagen Sie ja zu den Möglichkeiten, die das Leben Ihnen bietet. Seien Sie für Veränderungen offen.

4. *Nehmen Sie sich regelmäßig Zeit für sich,* meditieren oder beten Sie und gehen Sie in der Natur spazieren. Hören Sie auf Ihre innere Stimme.

5. *Gehen Sie mit Genussmitteln, (legalen) Drogen, Ablenkungen aller Art maßvoll um.* Behalten Sie einen klaren Blick. Vernebeln Sie nicht Ihren Geist.

6. *Zeigen Sie Ihre Gefühle.* Öffnen Sie sich den Menschen, die Sie positiv unterstützen. Halten Sie liebevoll Distanz zu denen, die Sie belasten.

7. *Geben Sie Ihrem Leben eine ruhige Basis,* ein Zuhause und eine Rückendeckung. Fördern Sie aber auch immer wieder Ihren Geist und Körper, indem Sie neugierig und mutig Neues wagen. Setzen Sie Ihren Körper den unterschiedlichen Jahreszeiten und Witterungen aus. »Härten« Sie sich einfühlsam und maßvoll ab (beispielsweise kalte Waschungen, Sauna).

8. *Wenn Sie längere Zeit weit von einem Zustand der Harmonie entfernt sind, holen Sie sich professionelle Hilfe.* Setzen Sie Ihre ganze Kraft für eine Wendung Ihres Lebens ein, seien Sie sehr diszipliniert und bleiben Sie am Ball. Halten Sie die Regeln ein, die für Ihre Heilung notwendig sind. Akzeptieren Sie Rückschläge und Wachstumsschmerzen und machen Sie trotzdem weiter.

9. *Wählen Sie einen Weg, der angenehm und freudig ist.* Nachdem die Anfangsschwierigkeiten überwunden sind, sollte es leicht gehen. Wenn Sie etwas erzwingen müssen, sind Sie vermutlich auf dem Holzweg.

10. *Unterstützen Sie Ihre Genesung* bei leichten Erkrankungen mit Diäten, Kräutertees, natürlichen Heilverfahren und Körperübungen. Gönnen Sie sich Ruhe und schlafen Sie so viel, wie Ihr Körper braucht. Scheuen Sie bei schweren Erkrankungen nicht die Künste der konventionellen Medizin. Bleiben Sie jedoch aufmerksam und suchen Sie sich einen Arzt oder ein Krankenhaus mit einem ganzheitlichen Heilungsansatz.

11. *Lassen Sie regelmäßig Krebsvorsorgeuntersuchungen durchführen.* Machen Sie alle ein bis zwei Jahre einen Gesundheits-Check und lassen Sie sich zur Erhaltung Ihrer Gesundheit beraten.

12. *Bachblüten und homöopathische Heilmittel* sind sehr gut geeignet, Sie in Ihrer seelischen Auseinandersetzung zu unterstützen und Ihrem Körper die Informationen zu geben, die er zur Heilung braucht.

Eine Krankheit befragen

Wählen Sie zwei Kissen – eins für sich als verantwortlichen Ko-ordinator, Manager und liebevollen Betreuer Ihres Körpers, eins für Ihr erkranktes Organ. Suchen Sie die Kissen so aus, dass sie zu dem passen, was sie repräsentieren, und arrangieren Sie sie im Raum, wie Wesen, die miteinander sprechen wollen.

Setzen Sie sich auf das Kissen des Koordinators, nehmen Sie sich Zeit, atmen Sie in den Bauch und achten Sie auf Ihre Gefühle. Was möchten Sie Ihr erkranktes Organ fragen? Seien Sie liebevoll und fragen Sie!

Setzen Sie sich nun auf das »Organkissen«, fühlen Sie, als ob Sie Ihr Organ wären. Was möchten Sie antworten? Was wün-schen Sie sich vom Koordinator? Was brauchen Sie, um wieder freudig funktionieren zu können?

Besprechen Sie sich ausführlich, indem Sie noch einige Male die Kissen wechseln. Machen Sie eine Vereinbarung, wie Sie als »Koordinator« für Ihr Organ sorgen können. Sorgen Sie als »Organ« dafür, dass Sie zufrieden gestellt werden und heilen.

Alternativ können Sie diese Sitzung auch mit einem Kissen für die Krankheit machen. Fragen Sie, was sie Ihnen sagen will und vereinbaren Sie, was Sie tun können, damit Ihre Krankheit gehen kann. Bedanken Sie sich bei ihr, dass sie Sie auf etwas Wichtiges aufmerksam gemacht hat und bitten Sie sie, Ihnen in Zukunft nur sanfte Hinweise zu geben, wenn Sie den rechten Weg verlassen. Hören Sie auf diese sanften Hinweise!

Haus- und Reiseapotheke

Bei vielen leichten Erkrankungen können Sie sich und Ihre Familie mit natürlichen Heilmitteln selbst versorgen. Folgende Dinge sollten in Ihrer privaten Apotheke vorhanden sein:

- *ein kleiner Homöopathieführer:* beispielsweise von Sven Sommer (siehe Literaturverzeichnis),
- *Erste-Hilfe-Anleitung,*
- *Telefonnummern vom Hausarzt und ärztlichem Notdienst,*
- *Bachblüten:* Notfalltropfen (Rescue-Tropfen) zur Behandlung seelischer Unruhezustände oder für andere Notfälle,
- *Homöopathische Mittel:* Aconitum (Unruhe, plötzlicher Infekt), Allium cepa (Fließschnupfen), Apis (Insektenstiche), Belladonna (Fieber, Sonnenbrand), Cantharis (Blasenentzündung), Chamomilla (Zahnen, Bauchschmerzen, Durchfall), Drosera (Husten), Nux vomica (verdorbener Magen, Kater), Pulsatilla (Frauenleiden), Rhus toxicodendron (Muskelbeschwerden), Sulfur (Hautausschläge, Hämorrhoiden),
- *Arnikasalbe:* bei Prellungen und Schwellungen,
- *Calendulasalbe:* bei Abschürfungen und kleinen Wunden,
- *Teebaumöl:* zur Desinfektion von Gegenständen und kleiner Wunden, bei Mückenstichen, Lippenbläschen, Vorbeugung und Behandlung von Fußpilz,
- *Salbeitee, Salbeiöl:* zum Gurgeln bei Halsschmerzen,

- *Kamillenblütentee, Kamilleauszüge:* entzündungshemmende Pinselungen, Gurgeln, Inhalieren, verdauungsberuhigender Tee,
- *Thymiantee, Thymianöl:* bei Husten,
- *Fenchel-, Anis- und Kümmeltee:* zur Behandlung von Blähungen,
- *Weidenrindentee:* als Schmerzmittel,
- *Minzöl:* bei Kopfschmerzen und Erkältungskrankheiten,
- *Nelkenöl:* bei Zahnschmerzen,
- *Emser Pastillen oder Isländisch Moos:* bei Halsschmerzen und Husten,
- *Echinaceaprodukte:* bei Erkältungskrankheiten,
- *Baldrianprodukte:* zur Beruhigung,
- *Johanniskrautprodukte:* gegen Verstimmungen,
- *Weißdorntropfen:* gegen Kreislaufleiden,
- *Heilerde (innerlich):* zur Behandlung leichter Magen- und Darmprobleme.

Dazu kommen Pflaster und Verbandsstoffe, Schere, Pinzette, Einmalhandschuhe, Fieberthermometer und Ihre besonderen Medikamente.

Gegebenenfalls sind auf Reisen auch konventionelle Schmerzmittel (etwa Aspirin), Desinfektionsmittel und Mittel gegen Durchfall sinnvoll, ebenso wie Elektrolyt-Mischungen. Gegen Reisekrankheiten werden die homöopathischen Mittel Borax und Cocculus empfohlen. Okoubaka kann als Prophylaxe gegen Magen- und Darmerkrankungen genommen werden. Bei Allergien – besonders Heuschnupfen – wirkt das »Heuschnupfenmittel« von DHU.

Vor vielen Fernreisen sind Impfungen vorgeschrieben oder empfohlen. Sie sollten sich von Ihrem Arzt beraten lassen. Wenn das Risiko nicht zu groß ist, kann – auf eigene Gefahr – statt einer Malaria-Prophylaxe auch eine »homöopathische Impfung« mit Nosoden erfolgen. Dann sollte man für den Notfall aber das entsprechende allopathische Heilmittel (beispielsweise Lariam) mitnehmen.

Zur unterstützenden Behandlung von Gelenk- und Knochenbeschwerden, Prellungen und Muskelverspannungen haben sich Magnetbandagen bewährt.

Literaturtipps

Bach, Edward/Petersen, Jens-Erik: *Heile dich selbst mit den Bachblüten*. München 1988

Carr, Allen: *Endlich Nichtraucher! Der einfache Weg, mit dem Rauchen Schluss zu machen*. München 1998

Corazza, Verena u. a.: *Kursbuch Gesundheit*. Köln 2001

Dethlefsen, Thorwald/Dahlke, Ruediger: *Krankheit als Weg*. München 2001

Hay, Louise L.: *Gesundheit für Körper und Seele*. München 1998

Lad, Vasant: *Das Ayurveda-Heilbuch*. Aitrang 2001

Lerner, Michael: *Krebs – Wege zur Heilung*. München 2000

Kammerer, Dorothea u. a.: *Sanfte Medizin*. München 2001

Kaptchuk, Ted J.: *Das große Buch der chinesischen Medizin*. München 2001

Sommer, Sven: *Homöopathie für den Hausgebrauch*. München 1996

Stumpf, Werner: *Homöopathie. Anleitung zur Selbstbehandlung*. München 2000

Wolf, Ulrich/Neumann, Bernd: *Das Antistress Buch*. München 2001

Website
Informationen zur Gesundheit: www.netdoktor.de

Geld und Erfolg

Vor langer Zeit entschloss sich Tetsugen, ein Zen-Gläubiger in Japan, Sutras zu veröffentlichen. Die Bücher sollten in einer hohen Auflage mit Druckstöcken aus Holz hergestellt werden, was zu dieser Zeit ein gewaltiges Unternehmen war. Tetsugen begann herumzureisen und Spenden für diesen Zweck zu sammeln. Nach zehn Jahren hatte er genügend Geld, um mit dem Druck zu beginnen. Da trat plötzlich der Uji-Fluss über die Ufer, und eine Hungersnot brach aus. Tetsugen gab das gesammelte Geld, um die Menschen vor dem Hungertod zu bewahren. Dann begann er wieder mit seiner Tätigkeit des Sammelns. Einige Jahre danach überfiel eine Epidemie das Land, und Tetsugen gab wieder alles her. Ein drittes Mal begann er mit seiner Arbeit, und nach Jahren erreichte er sein Ziel, die Sutras zu veröffentlichen. Die Druckstöcke kann man noch heute im Obaku-Kloster in Kioto besichtigen. Die Japaner erzählen, dass Tetsugen drei Ausgaben der Sutras hergestellt habe und dass die ersten zwei unsichtbaren noch besser seien als die sichtbare.

Diese kleine Zen-Geschichte, die in verschiedenen Versionen kursiert und die wir hier zusammengefasst nacherzählen, zeigt, dass Geld, Erfolg und Spiritualität gut miteinander harmonieren können. Sowohl die Zielstrebigkeit Tetsugens als auch seine Offenheit, sich immer wieder auf das Leben einzustellen, haben seinen Erfolg erst richtig rund gemacht.

Sie haben immer Erfolg: Sie bekommen das, was Sie gesät haben. Der Er-folg Ihrer Aktivitäten folgt – wie das Wort schon sagt – Ihrem Einsatz auf dem Fuße. Vielleicht sind Sie mit dem, was Sie erreichen, nicht zufrieden. Dann sind Ihnen die Gesetze des Erfolgs noch nicht klar oder Sie wissen nicht genau, was Sie und wie Sie etwas tun. Vielleicht sind Sie auch nicht bereit, Verantwortung für Ihre Handlungen zu übernehmen.

Sie werden keine Tomaten ernten, wenn Sie Rüben gesät haben. Sie können keine Freundlichkeit erwarten, wenn Sie nur freundlich tun. Sie können auch kein gutes Geld verdienen, wenn Sie in Ihrem Inneren meinen, Geldverdienen sei schlecht.

Sie werden es schwer haben, wenn Sie glauben, dass das Leben schwer ist. Sie werden es kaum schaffen, Ihre persönliche und berufliche Situation zu verbessern, wenn Sie Wachstum und Veränderungen für unmöglich oder sogar gefährlich halten.

Allerdings gibt es eine ganz einfache Wahrheit: Sie können alles erreichen, was Sie aus tiefstem Herzen wirklich wollen. Ihre Sehnsucht, Ihre Seele, Ihre innere Stimme gaukeln Ihnen nichts Unmögliches vor. Sie zeigen Ihnen das Potenzial, das, was Sie erreichen können. Und auch der Weg dorthin kann freudig und äußerst befriedigend sein.

Für andere mag dieser Weg schwer sein, für Sie nicht – denn es ist der Ihre. Für Sie sind andere Wege schwer, Ihrer wird Ihnen mit Bravour gelingen. Vorausgesetzt, Sie gehen ihn und geben Ihr Bestes.

Das ist allerdings eine wichtige Voraussetzung. Selbst wenn Sie 95 Prozent Ihrer bisherigen Fähigkeiten einsetzen, reicht das nicht. Sie müssen sogar etwas mehr als 100 Prozent geben – also etwas mehr, als Sie sich bisher zugetraut haben –, denn nur so können Sie wachsen und sich Bereiche erschließen, die Ihnen früher nicht zugänglich waren. So wird Ihnen dann jeder Fortschritt wie ein kleines Wunder vorkommen, denn Sie haben etwas erreicht, was mit Ihrer alten Einstellung nicht möglich war.

Erinnern Sie sich immer wieder daran: Alles, was zählt, ist das Hier und Jetzt. Bedauern Sie nicht, was Sie in der Vergangenheit gemacht haben! Haben Sie Geld verschleudert oder Schulden gemacht? Haben Sie es nicht geschafft, ein normales Einkommen zu erreichen? Gehen Sie davon aus, dass all dies seinen Sinn hatte.

Ihr Handeln hat Sie dahin gebracht, wo Sie jetzt sind. Vielleicht, um zu erkennen, dass Sie jetzt etwas anders machen möchten. Vielleicht, um Sie zu bewegen, neue und heilsame Fähigkeiten zu lernen. Vielleicht, um Ihre Disziplin zu stärken oder Sie von materiellem Ballast und einengenden Glaubenssätzen zu befreien. Oder auch um Ihnen zu zeigen, welche Kräfte Sie entwickeln können, um sich aus dem Schlamassel zu befreien. Viele reiche und erfolgreiche Menschen haben erst in einer Krise ihren Lebensweg erkannt und an ihrem tiefsten Punkt die Entscheidung getroffen, sich unbeirrbar für ihr Leben und ihr Wachstum einzusetzen.

DAS GESETZ DES ERFOLGS

Ihr Erfolg ist abhängig von Ihrer Vision, Ihren Glaubenssätzen, Ihrem Verantwortungsbewusstsein, Ihrem Grad
an Zielstrebigkeit und Offenheit sowie dem Zusammenspiel Ihrer Einnahmen und Ausgaben.

Sie werden negativ erfolgreich sein, wenn Sie sich be-
drohliche Zukunftsszenarien ausmalen, wenn Sie pessi-
mistische Glaubenssätze pflegen, wenn Sie anderen die
Schuld an Ihrer Situation geben, wenn Sie wankelmütig,
wenig diszipliniert und ziellos sind, wenn Sie die Chancen, die das Leben Ihnen bietet, übersehen und wenn Sie
mehr ausgeben, als Sie einnehmen.

Sie werden Ihren Erfolg jedoch als Lebensfreude, Fülle
und Wohlstand erleben, wenn Sie positive Visionen und
Glaubenssätze haben, wenn Sie Verantwortung für Ihr
Leben übernehmen, wenn Sie konsequent Ihre Ziele verfolgen und zugleich aufmerksam und offen für die Hinweise sind, die das Leben Ihnen gibt. Und: Sie müssen
mehr einnehmen als ausgeben.

Übungen

Zukunftsvisionen

Entscheiden Sie sich, für welchen Zeitpunkt – zwischen zwei
und zehn Jahren – Sie Ihre Zukunftsvision entwickeln wollen.

Sie können Ihre Zukunftsvision aufschreiben, malen oder auch
anders ausdrücken. Setzen Sie sich an einen ruhigen Platz, nehmen Sie einige tiefe Atemzüge und werden Sie ruhig.

Wie sieht Ihre Traumzukunft aus? Wie und wo leben Sie, mit welchen Menschen leben Sie zusammen, wie sieht Ihr Haus, Ihr Garten aus? Wie gestalten Sie Ihren Tagesablauf? Wie arbeiten Sie – allein, im Team, in einer Firma. Sind Sie Chef, leitender Angestellter, erfolgreicher Künstler?

Wie arbeiten Sie mit Ihren Kunden, Vorgesetzten und Ihren Mitarbeitern zusammen? Wie gestalten Sie ein gutes Arbeitsklima, wie macht die Arbeit so richtig Spaß? Kommen Ihre Kunden zu Ihnen oder besuchen Sie sie? Verkaufen Sie Produkte, Wissen, Dienstleistungen oder Ideen? Was für ein Auto fahren Sie? Sind Sie beruflich viel unterwegs, machen Sie viele private Reisen? Beschäftigen Sie zu Hause Angestellte? Welchen Hobbys gehen Sie nach? Was essen Sie? Gehen Sie in besondere Restaurants? Welchen Sport treiben Sie? Gehen Sie vor der Arbeit im See an Ihrem Haus schwimmen? Oder arbeiten Sie gar nicht mehr, da Sie von den Zinsen Ihres Vermögens leben können?

Malen Sie sich alles ganz genau aus und spüren Sie, was Ihnen zusagt. Sie werden sehen, dass Ihnen einiges einfällt, an das Sie bisher nicht gedacht haben und das Ihnen große Freude bereitet. Und Sie werden vielleicht auch entdecken, dass manches, was Sie bisher für erstrebenswert hielten, nicht mehr wichtig ist oder nicht mehr zu Ihnen passt.

Basteln Sie ruhig einige Wochen an Ihrer Zukunftsvision. Trauen Sie sich, großzügig zu sein, finden Sie Ihren wirklichen Traum. Lassen Sie nicht zu, dass Sie mit kleinlichen Gedanken Ihr Potenzial einschränken. Und nehmen Sie sich Zeit zu spüren, was *Ihr* Traum ist und nicht der, den Sie von anderen übernommen haben. Behalten Sie Ihre Vision erst einmal für sich, beziehen Sie nur Ihren Lebenspartner – sofern er dafür offen ist – ein.

Wenn Sie an Ihren Traum denken und große Freude empfinden, ist Ihre Vision rund und stimmig. Sie können sie jetzt in eine schöne Form bringen und dort aufstellen oder aufhängen, wo sie Sie immer wieder stärkt.

Glaubenssätze

Machen Sie eine Liste mit negativen Glaubenssätzen zum Themenbereich Geld, Wohlstand, Erfolg. Beispielsweise: »Das große Geld verdient man nur, wenn man andere Menschen ausbeutet«, »Geld macht nicht glücklich«, »Ich führe lieber ein lockeres Leben, als viel zu arbeiten«, »Disziplin ist spießig und schadet meiner Kreativität«, »Nur wer sich abrackert, hat großen Erfolg«, »Mit zwei Kindern und ohne Mann komm ich auf keinen grünen Zweig«, »Mein Chef macht mir das Leben schwer«, »Zum Geldverdienen bin ich zu dumm«, »Ich lebe im Hier und Jetzt, wer spart, macht sich überflüssige Zukunftssorgen«.

Schreiben Sie ruhig auch Sätze auf, die Ihre Eltern oder Ihre Freunde sagen könnten. Lassen Sie Ihre Liste lang werden, damit alles Negative ausgedrückt ist.

Wählen Sie einige Sätze aus, die Geld, Wohlstand und Reichtum für Sie schwer erreichbar machen. Nehmen Sie sich Satz für Satz vor und formulieren Sie ihn so um, dass er freudig klingt und Geld, Wohlstand und Reichtum anzieht, beispielsweise: »Ich spare mit Begeisterung und genieße zugleich mein Leben«, »Ich bilde mich weiter und verdiene auf ehrliche Art und Weise viel Geld«, »Ich finde eine kreative und schöne Arbeit, mit der ich mir und meiner Familie Wohlstand erschaffe«.

Sammeln Sie nun Beweise für Ihre neu formulierten Glaubenssätze. Suchen Sie in Ihrem Leben, in dem Ihrer Bekannten, überhaupt in Ihrer ganzen Umwelt: Wer genießt sein Leben und spart zugleich? Wer verdient auf ehrliche Art viel Geld? Wer lebt mit zwei Kindern und ohne Mann im Wohlstand? Suchen Sie nur positive Beispiele! Lassen Sie kein »Aber« zu. Suchen Sie so lange, bis diese Glaubenssätze für Sie Wahrheit werden.

Lassen Sie sich viel Zeit für diesen Prozess. Üben Sie sich in Ausdauer – es lohnt sich! Früher oder später beginnt die Zeit, in der sich Ihre neuen Glaubenssätze materialisieren und begreifbare Wirklichkeit werden. Erst haben Sie so getan, als ob es wahr wäre, und nun ist es wahr geworden!

Ihre Fähigkeiten

Machen Sie eine Aufstellung von allen Ausbildungen, die Sie gemacht haben. Was haben Sie gelernt? Haben Sie Seminarvorträge oder Abschlussarbeiten geschrieben? Waren Sie Klassensprecher oder in Jugendorganisationen tätig? Was waren Ihre Lieblingsbücher? In welchen Berufen oder Jobs haben Sie gearbeitet? Auf welchen Fortbildungen waren Sie? Haben Sie Seminare gehalten, Fachartikel geschrieben, Volkshochschulkurse durchgeführt? Über welche Fähigkeiten in Haushalt, Garten und Freizeit verfügen Sie? Sind oder waren Sie ehrenamtlich tätig? Was können Sie im Umgang mit Menschen besonders gut? Was sind Ihre Hobbys?

Ergänzen Sie Ihre Fähigkeitenliste immer wieder um neu Erlerntes und benutzen Sie sie, um sich daran zu erinnern, was Sie alles können.

ZIELSTREBIGKEIT UND OFFENHEIT

Ihre Zukunftsvisionen und Glaubenssätze sind geistige Bilder, die Ihre Zielstrebigkeit und Offenheit nähren. Zielstrebigkeit und Offenheit sind notwendig, um mit Geld »erfolgreich« umzugehen. Es sind die Verhaltensmuster, die Sie brauchen, um praktische Finanztipps umzusetzen.

Zielstrebigkeit brauchen Sie, um am Ball zu bleiben, Ihre Vision im Auge zu behalten, Anlaufschwierigkeiten zu überwinden, Neues zu lernen und das zu tun, was notwendig ist.

Offenheit ist nötig, um sich zu verändern. Ihr früheres Denken und Verhalten hat Sie so lange geführt, bis Sie sich entschieden haben, dass etwas anders werden soll. Dies geht nur, wenn Sie wirklich anders denken und sich anders verhalten als bisher. Sie lernen dazu, machen Dinge, die Sie früher nicht gemacht haben, trauen sich bisher Unmögliches zu.

Offenheit heißt aber auch, aufmerksam auf die Zeichen und Impulse seiner Umwelt zu hören. Könnte in einem Angebot eine Chance liegen, wohin könnte dieser Weg mich führen, freue ich mich über diesen Kontakt?

Zielstrebigkeit und Offenheit brauchen ein rechtes Maß, ergänzen und begrenzen einander. Zielstrebigkeit drängt nach vorn, Offenheit geht in die Weite – beide zusammen weben ein Erfolgsmuster.

Die starken 14 – Basistipps für Reichtum, Geld und Wohlstand

1. *Wachsen Sie durch Ihre Probleme.* Halten Sie Ihre Vision im Auge. Freuen Sie sich auf Ihr Ziel und genießen Sie den Weg dorthin. Manchmal mag es schwer scheinen, aber alles, was sich als Problem meldet, dient Ihrem Wachstum und der Erweiterung Ihrer Fähigkeiten. Sobald Sie Ihre Lektion gelernt haben, gibt es dieses Problem für Sie nicht mehr.

2. *Blicken Sie nach vorn.* Lassen Sie sich nicht ablenken. Folgen Sie nicht Gedanken, die Sie aus der Vergangenheit zur Genüge kennen und die Sie schwächen. Suchen Sie keine kurzfristigen »Freuden«, die Ihrer Vision widersprechen. Genießen Sie Ihr Leben auf eine gesunde Art!

3. *Lernen Sie von anderen. Treffen Sie jedoch Ihre eigenen Entscheidungen.* Hören Sie anderen Menschen gut zu, sammeln Sie Informationen, beobachten Sie Ihre Umwelt und interessieren Sie sich für die vielen Dinge dieser Welt. Lesen Sie auch außerhalb Ihres engen Fachbereiches, lassen Sie sich von Profis beraten, besuchen Sie Seminare für Ihre Weiterbildung und Persönlichkeitsentwicklung. Suchen Sie sich einen erfolgreichen Coach. Aber treffen Sie Ihre Entscheidungen selbst und vertrauen Sie Ihrer eigenen Intuition!

4. *Haben Sie Geduld.* Erwarten Sie keine kurzfristigen Erfolge. Arbeiten und leben Sie intensiv und haben Sie zugleich Geduld. Es kann eine ganze Zeit dauern, bis Sie

den richtigen Schlüssel zu Ihrem Reichtum gefunden haben.

5. *Bauen Sie auf das, was Ihnen Freude macht.* Machen Sie das Beste aus Ihren Fähigkeiten. Setzen Sie Ihre Energie dort ein, wo es Ihnen am meisten Freude bringt. Lernen Sie das, was Ihnen noch fehlt. Holen Sie sich Unterstützung für das, was Sie nicht können. Suchen Sie sich gegebenenfalls einen Partner, der Ihre Fähigkeiten ergänzt und abrundet. Delegieren Sie die Arbeiten, die Ihnen keinen Spaß machen. Geben Sie aber keine Arbeiten ab, für die nur Sie die Verantwortung tragen können oder vor denen Sie sich drücken wollen. Damit verhindern Sie Ihr Wachstum!

6. *Wagen Sie etwas.* Überprüfen Sie, ob Ihre kreativen Ideen zu Ihrer Vision passen. Wenn ja, setzen Sie Ihre Gedanken in die Tat um. Wenn Sie sich entwickeln wollen, wenn Sie Erfolg haben wollen, müssen Sie etwas wagen. Ohne Risiko gibt es keinen Gewinn!

7. *Haben Sie keine Angst vor Fehlern, lernen Sie aus ihnen.* Wenn Sie Fehler vermeiden wollen, stagnieren Sie. Handeln Sie und lernen Sie aus Ihren Irrtümern. Wenn Sie aufmerksam sind, machen Sie keinen Fehler zweimal. Wenn Sie gut vorbereitet sind, kommen Sie mit jedem Schritt, den Sie wagen, weiter. Manchmal müssen Sie sich spontan entscheiden, verlassen Sie sich dann auf Ihre Intuition. Wenn Sie unaufmerksam und unkonzentriert sind, verschieben Sie wichtige Entscheidungen.

8. *Machen Sie das, was wirklich wichtig ist, sofort.* Schieben Sie nichts auf die lange Bank. Machen Sie die wich-

tigsten Arbeiten – auch wenn Sie Ihnen unangenehm sind – zuerst. Lernen Sie, die Unterscheidung zu treffen, was für Ihre Vision wichtig, was unwichtig ist.

9. *Geben Sie immer Ihr Bestes.* Machen Sie Ihre Arbeit richtig gut und schließen Sie sie erst ab, wenn sie wirklich fertig ist. Ein Arbeitsprodukt, das zu 95 Prozent perfekt und zu 5 Prozent fehlerhaft ist, kann völlig untauglich sein und riesigen Ärger erzeugen. Geben Sie das, was Ihr Kunde erwarten darf, und ein bisschen mehr. Halten Sie im Auge, was Ihr Kunde will. Streben Sie jedoch keine Perfektion an, die Sie Zeit und Geld kostet und für die es keinen Bedarf gibt.

10. *Tragen Sie Verantwortung für Ihre Tätigkeiten.* Stehen Sie zu Ihren Erfolgen und zu Ihren Fehlern. Erwarten Sie dies auch von Kollegen, Mitarbeitern und Vorgesetzten.

11. *Lernen Sie die Kunst der Kommunikation.* Lernen Sie angemessen, klar und freundlich zu kommunizieren. Dies ist Ihr wichtigstes Kapital, in das Sie investieren sollten (vgl. den Abschnitt »Die Kunst der Kommunikation« auf Seite 165ff.).

12. *Machen Sie das, was Sie tun, mit Freude.* Klagen und stöhnen Sie nicht. Arbeiten Sie zielstrebig und zügig. Sorgen Sie für Entspannungs- und Mittagspausen sowie für Freizeit zum Abschalten, Regenerieren und Einfach-nur-da-Sein.

13. *Verbinden Sie sich mit Ihrer Kraft.* Zeigen Sie bei Ihren Präsentationen keine Zweifel. Bereiten Sie sich intensiv vor und räumen Sie dabei Ihre eigenen Zweifel

aus. Dann haben Sie alles getan, was Sie tun konnten. Folgen Sie nun Ihrer Intuition und bleiben Sie in Ihrer Kraft. Sie sind natürlich verpflichtet, ehrlich zu sein und Ihre Auftraggeber oder Vorgesetzten über eventuelle Risiken aufzuklären. Seien Sie sich jedoch darüber im Klaren, welche Empfehlung Sie aussprechen.

14. *Fordern Sie für Ihre Tätigkeiten ein angemessenes Honorar.* Bieten Sie Leistungen an, die Ihrem Auftraggeber oder Vorgesetzten wichtig sind. Wenn Ihre Tätigkeiten besonders nachgefragt werden, sollten Sie eine höhere Entlohnung aushandeln.

EINKOMMEN UND AUSGABEN

Dies ist nun eine ganz einfache und einleuchtende Wahrheit: Um wohlhabend zu werden, muss man mehr einnehmen als ausgeben!

Selbst wenn man ohne eigenes Verdienst zu Wohlstand kommt, verliert man seinen Reichtum wieder, wenn man nicht lernt, damit umzugehen. Erst wenn Sie die Fähigkeit erlernt haben, Geld zu verdienen, zusammenzuhalten und zu vermehren, bleiben Sie auf Dauer wohlhabend.

Wenn Sie nicht lernen, sinnvoll, kreativ und offen mit Geld umzugehen, wird selbst finanzieller Reichtum nicht zum Wohlstand. Sie können natürlich ererbtes oder gewonnenes Geld sparsam einteilen und bis zu Ihrem Lebensende allmählich aufbrauchen. Oft ist das jedoch mit Enge, Langeweile und eingeschränkter Lebensfreude verbunden. Wenn Sie allerdings genug Geld haben, um von seinen Zinsen gut zu leben, dann tun Sie es, machen Sie nur noch, was Ihnen wirklich Spaß macht und sichern Sie Ihr Vermögen so ab, dass es Krisenzeiten überdauert.

Schulden

Machen Sie keine Schulden. Kaufen Sie nichts auf Raten oder Kredit. Sie genießen dann etwas, für das Sie noch gar nichts geleistet haben. Damit schwächen Sie sich im doppelten Sinne: Erstens lernen Sie nicht, mit wenig freudig und gut zu leben, und zweitens nehmen Sie sich den positiven Ansporn, mehr zu erreichen. Sie werden unfrei, sind durch Ihre Ratenzahlungen gebunden und verlieren die Kraft, wirklich auf den grünen Zweig zu kommen.

Wenn Sie Schulden haben, bringen Sie Ihre Finanzen sofort in Ordnung. Machen Sie einen Plan, wie Sie mehr verdienen und wie Sie Ihre Ausgaben radikal verringern können. Wie viel Geld benötigen Sie für Ihr Leben? Machen Sie sich einen Spaß daraus, zu erfahren, mit wie wenig Sie auskommen können und dennoch ein freudiges Leben haben. Tüfteln Sie, wie Sie noch mehr sparen und wie Sie sich neue Geldquellen erschließen können.

Von dem Geld, das Sie übrig haben, verwenden Sie 50 Prozent für den Schuldenabbau, 50 Prozent für den Aufbau Ihres entstehenden Vermögens. Machen Sie einen Plan, bis wann Sie Ihre Schulden abzahlen können, sprechen Sie mit Ihren Gläubigern und sichern Sie ihnen die Abzahlung zu. Halten Sie sich unbedingt daran. Behalten Sie für sich, dass Sie parallel Ihr neues Vermögen aufbauen.

Wenn Sie keine reale Chance sehen, Ihre Schulden in absehbarer Zeit abzuzahlen, suchen Sie mit Ihren Gläubigern nach einem Vergleich. Denken Sie auch hier an Ihre 50 Prozent, die niemanden etwas angehen. Machen Sie einen sauberen Schnitt und fangen Sie von vorn an.

Reduzieren Sie Ihre Ausgaben radikal, aber nicht dort, wo Sie Ihr Potenzial, Geld zu verdienen, verringern. Sie können Restaurantbesuche, Alkohol, Kaffee und Zigaretten streichen, aber nicht eine gesunde Ernährung. Sie können Ihre Mitgliedsbeiträge in Sportvereinen und Fitnessstudios streichen, aber nicht Ihr körperliches Training und Ihre Spaziergänge in der Natur. Sie brauchen keinen vollen Kleiderschrank und keine teuren Kosmetika, jedoch angemessene, nicht ärmlich wirkende Kleidung und ein vorteilhaftes Aussehen.

Vielleicht brauchen Sie aus beruflichen Gründen ein kleines Auto, vielleicht reicht für einige wichtige Termine ein Leihwagen und je nach Beruf auch ein Fahrrad. Erhalten Sie auf jeden Fall Ihre Mobilität; und wenn Sie noch nicht mobil sind, werden Sie es.

Kündigen Sie auch Versicherungen, die nicht wirklich wichtig sind. Sie sollten Ihren Freunden und Ihrer Familie keine teuren Geschenke machen, seien Sie aber aufmerksam und offen für persönliche Präsente, die Ihren Lieben Freude bereiten. Bilden Sie sich weiter, nutzen Sie die öffentlichen Bibliotheken, die Volkshochschulen und besuchen Sie Seminare, die Sie wirklich weiterbringen. Handeln Sie mit dem Seminarleiter Sonderkonditionen aus und fragen Sie, was Sie tun können, um kostenlos teilzunehmen. Geben Sie für Ihre Freunde und vielleicht auch Kunden in schönem und einfachem Rahmen hin und wieder ein kleines Fest. Seien Sie sparsam und zugleich offen.

Zeigen Sie sich einfach und klar, aber nicht ärmlich. Fühlen Sie sich so reich, dass Sie hin und wieder spenden. Trotz Ihrer Schulden sind Sie wirklich reich, Sie bauen nämlich parallel zum Abbau Ihrer Schulden Ihr neues Vermögen auf!

Alles, was wir bisher gesagt haben, gilt für Konsumschulden. Wenn Sie ein Unternehmen gründen oder ausweiten, ist es meistens sinnvoll, einen großen Teil der benötigten Summe aufzunehmen. Denn erstens machen Sie mehr aus dem Geld und zweitens schonen Sie Ihre privaten Rücklagen und erhalten Ihre Rückendeckung. Investieren Sie jedoch nur Geld, wenn Sie mehr daraus machen können. Leihen Sie sich daher nie Geld, um zu spekulieren. Verschleiern Sie Ihren Konsum nicht als Geschäftsausgaben, etwa indem Sie ein wunderschönes Büro einrichten und ein repräsentatives Auto kaufen, für das kein wirklicher Geschäftsbedarf vorhanden ist.

Ihr Einkommen erhöhen

Ihr Einkommen hängt davon ab, wie viel der Markt für Ihre Arbeit zu geben bereit ist. Sie brauchen eine Zielgruppe, die Geld hat, sich von Ihrem Produkt einen Vorteil verspricht und bereit ist, dafür zu zahlen.

Erinnern Sie sich an Ihre Zukunftsvision. Welche Leistungen bieten Sie an: Produkte, Wissen, Dienste oder

Ideen? Haben Sie eine Zielgruppe gewählt, die Geld hat? Wenn nicht, werden Sie nur Geld verdienen, wenn jemand anderes oder eine Organisation für diese Zielgruppe bezahlt. Zahlt diese Organisation ein gutes Honorar?

Wenden Sie sich an eine Zielgruppe, die Ihre Leistungen gut honorieren kann. Denn nur, wenn Sie gut verdienen, haben Sie auch die Fähigkeit, Bedürftigen zu helfen. Wenn Sie selbst bedürftig sind, ist Ihr Potenzial begrenzt. Ihnen bleibt wenig Kraft, Gutes zu tun.

Präsentieren Sie sich als Experte. Arbeiten Sie darauf hin, dass Sie in ein bis drei Jahren der Beste auf Ihrem Gebiet sind. Folgen Sie Ihrer Intuition und entwickeln Sie Ihre ganz besondere Art und Ihren eigenen Stil. Sie müssen nicht für die große Masse tätig sein. Es reicht, wenn Sie Besonderes bieten und wenige ausgesuchte Kunden für Ihre Leistungen gut bezahlen. Entwerfen Sie schon jetzt für das, was Sie in einigen Jahren anbieten, eine Werbeanzeige, einen Flyer oder eine Werbebroschüre. Was müssen Sie noch lernen, um Ihr Angebot auszufüllen?

Fangen Sie sofort an, Experte zu werden. Von wem können Sie lernen, wo können Sie etwas abgucken? Was müssen Sie über Ihre Zielgruppe wissen und wie können Sie das erfahren? Wie können Sie Ihre Persönlichkeit weiterentwickeln? Mit welchen Menschen möchten Sie zusammenarbeiten und wer könnte Sie unterstützen? Schaffen Sie ein Netzwerk von Menschen, die sich gegenseitig fördern, ergänzen und bereichern.

Präsentieren Sie sich selbstbewusst, werben Sie für sich, liefern Sie zuverlässig beste Qualität. Fordern Sie ein gutes

Honorar und entwickeln Sie sich weiter. Sorgen Sie dafür, dass Ihre Kunden das Gefühl haben, von Ihnen ein klein wenig mehr zu bekommen. Das, was Ihren Erfolg ausmacht, ist nicht das, was alle anderen machen, sondern das, was besonders ist, schöner wirkt oder mehr Freude macht. Sorgen Sie dafür, dass Ihre Vorgesetzten oder Kunden sich freuen, wenn sie mit Ihnen zu tun haben.

Klagen Sie nie über Ihre Arbeit. Zeigen Sie, dass es Ihnen Freude macht zu arbeiten. Belasten Sie Ihre Kunden nicht mit Problemen. Ihre Kunden haben Sie als Experten beauftragt, Probleme zu lösen oder Lösungswege aufzuzeigen.

Erinnern Sie sich an Ihre positiven Glaubenssätze. Seien Sie dafür offen, dass viel Geld zu Ihnen fließt. Gewöhnen Sie sich eine entspannte und sorgenfreie Haltung an. Verwechseln Sie Sparsamkeit nicht mit Enge. Vielleicht können Sie einige Zeit mit Geld nicht großzügig sein, seien Sie auf jeden Fall großzügig im Herzen. Denken Sie offen und weit, setzen Sie sich große Ziele, die spannend sind und Ihnen Freude machen.

Sparen

Sparen Sie mindestens 10 Prozent Ihres Einkommens, egal wie schwer Ihnen das fällt. Legen Sie dafür ein besonderes Konto an und verwenden Sie dieses Geld nur, um Ihr Vermögen aufzubauen. Dies ist nicht nur für Ihr finanzielles, sondern auch für Ihr spirituelles Wachstum von Bedeutung. Betrachten Sie das Wort »Vermögen«, und

Sie erkennen: Wenn Sie Vermögen aufbauen, schöpfen Sie Ihr Potenzial aus und vermögen, in Ihrer ganzen Kraft zu leben.

Für Ihren Urlaub, für größere Anschaffungen und Fortbildungen sollten Sie zusätzliches Geld zur Seite legen. So trainieren Sie eine Lebensweise, die ganzheitlich Ihre Entwicklung fördert.

Legen Sie Ihr erspartes Geld so an, dass es sicher ist und Gewinn bringt. Lassen Sie sich dazu von mehreren Geldinstituten beraten. Große Gewinnchancen bergen zugleich große Risiken. Sie sollten über die Jahre aber mindestens 10 bis 15 Prozent Rendite haben, sonst ist Ihr Geld nicht gut angelegt.

Bei einem Zinssatz von 12 Prozent verdoppelt sich ein Geldeinsatz in 6 Jahren. Wenn Sie jeden Monat nur 200 Euro zu 12 Prozent Zinsen sparen, haben Sie nach 7 Jahren etwa 25000 Euro und nach 29 Jahren eine halbe Million. Es ist nach diesem Rechenbeispiel also ziemlich einfach, in einem normalen Arbeitsleben Halbmillionär zu werden. Das schaffen Sie zu zweit schon fast, wenn Sie als Durchschnittsraucher mit 30 diese Sucht aufgeben.

Wenn Sie sich richtig strecken und fördern, können Sie in viel kürzerer Zeit ein Einkommen erwirtschaften, von dessen Zinsen Sie den Rest Ihres Lebens gut leben können. Sie haben dann alle Freiheiten, sich noch mehr den Dingen zu widmen, die Ihnen am meisten Spaß machen.

Absicherung

Sparen Sie zusätzlich zu Ihrem Vermögensaufbau noch etwas, um für unerwartete Ausgaben gerüstet zu sein. Eine Rücklage von 2500 bis 5000 Euro ist dafür ein Minimum.

Wenn Sie schon über ein Vermögen verfügen, halten Sie selbst in schwierigen Zeiten einen Grundstock von 25000 Euro, von denen niemand etwas weiß und mit dem Sie nach einer Pleite wieder von vorn anfangen können.

Informieren Sie sich über Geldanlagen, lernen Sie die Regeln des Aktienmarktes und beherzigen Sie sie.

Legen Sie Ihr Vermögen in mehreren soliden Aktienfonds an. Sorgen Sie für eine Mischung nach Branchen und Ländern. Kaufen Sie vorzugsweise zu Zeiten eines Börsentiefs. Meiden Sie Anlagen, für die Sie hohe Gebühren oder Verwaltungskosten zahlen müssen.

Einen Teil Ihres Geldes können Sie mit soliden festverzinslichen Papieren besonders sichern. Investieren Sie in die besten, größten und sichersten Unternehmen. Legen Sie nie mehr als 10 bis 15 Prozent in spekulativen Papieren an.

Träumen Sie nicht von unerwarteten plötzlichen Gewinnen. Bauen Sie Ihr Vermögen kontinuierlich und zielstrebig auf. So kommen Sie sicher ans Ziel. Zusätzliche Gewinne können Sie dankbar mitnehmen, powern Sie sich aber nicht dafür aus. Leihen Sie sich nie Geld für Aktiengeschäfte, todsichere Geheimtipps oder Geschäfte, die Sie noch nicht verstehen.

Wenn Ihr Vermögen gewachsen ist, sichern Sie es weiter, beispielsweise durch Immobilien. Auch eine kleine Menge an Edelmetallen kann für einen Risikosplit sorgen.

Die beste Absicherung für Ihr Vermögen sind jedoch Ihre Fähigkeiten, Geld zu verdienen und auch schwierige Zeiten zu meistern. Deshalb investieren Sie immer wieder in Ihre Persönlichkeitsentwicklung.

Wenn Sie ein Geschäft aufbauen, verwenden Sie höchstens 50 Prozent Ihres Kapitals. Den Rest behalten Sie für Ihre finanzielle Freiheit und Ihren privaten Vermögensaufbau.

Wir wissen nicht, was Ihre Lebensaufgabe ist und welche Bedeutung finanzieller Wohlstand dafür hat. Egal welche Ziele Sie verfolgen, ob Sie reich oder arm sind – Sie sind ein liebenswerter Mensch und leben genau das Leben, das für Sie richtig ist.

Wahrscheinlich wird Ihr Leben insgesamt aber noch angenehmer, wenn Sie entspannt und zugleich konsequent materiellen Erfolg und Wohlstand anstreben. Machen Sie es sich allerdings zur Gewohnheit, Ihr Augenmerk darauf zu richten, was Ihnen gelingt und was Sie bereits haben, anstatt auf das, was fehlen könnte.

Literaturtipps

Autry, James A./Mitchel, Stephen: *Die Illusion der Kontrolle. Das Tao Te King für Führungskräfte.* Bern 1999
Kostolany, André: *Die Kunst über Geld nachzudenken.* München 2000

Orman, Suze: *Trau dich, reich zu werden*. Frankfurt am Main 2000

Orsborn, Carol: *Wie mit Konfuzius die Karriere gelingt*. Freiburg 2001

Schäfer, Bodo: *Der Weg zur finanziellen Freiheit*. Frankfurt am Main 2000

Schössler, Christof/Frühschütz, Leo: *Öko-Investment*. München 2001

Website
Allgemeine Information über Geldanlagen: www.fool.de

»Vertraue Allah
und binde dein Kamel an«

Spiritualität

Am Anfang war das Wort. Es war göttlich, es war das Leben und Licht für die Menschen. Ohne Unterschied sind alle Dinge aus ihm entstanden. – Diese zusammenfassende und freie Übertragung der ersten Verse des Johannes-Evangeliums zeigt die Grundlage aller Religionen: Hinter unserer sichtbaren Welt steht eine geistige/spirituelle, die die materielle erschafft.

Ob man dies akzeptiert oder nicht, ist eine Entscheidung, die jeder Mensch trifft und die großen Einfluss auf seine Lebensgestaltung hat. Jeder sieht Tag für Tag die materielle Welt und unterliegt den physikalischen Gesetzen, spürt aber auch hin und wieder etwas, das dieser Ordnung nicht gehorcht und berührend oder erschreckend sein kann.

Es gibt viele Hypothesen, wie die materielle und die geistige Welt beschaffen sein könnten. Immer wieder haben Vertreter verschiedener Weltanschauungen Krieg und Not über die Welt und ihre Bewohner gebracht, um die Durchsetzung ihrer Thesen zu erzwingen. Dies ist ihnen auf Dauer zwar nicht gelungen, und doch gibt es eine Vielzahl religiöser und materialistischer Richtungen, die nach wie vor ihren Anspruch auf ein allein selig machendes System anmelden.

Wir finden die These stimmiger, dass jeder Mensch seinen eigenen Weg finden muss. Unterstützend ist, wenn er sich dabei mit ähnlich Gesinnten verbindet, und behindernd ist, wenn er seine eigene Art einer Gruppennorm zuliebe verleugnet.

Wir Menschen wissen nicht, ob die geistige Welt wirklich ist. Wir können aber auch nicht mit Bestimmtheit sagen, dass unsere materielle Welt real existiert. Wir sehen, hören und fühlen nicht, was dort draußen, außerhalb unseres Körpers ist – unser Gehirn verarbeitet sensorische Reize und bildet (nach in frühester Kindheit erlernten Kompositionsregeln) mehr oder weniger interessante Geschichten über das Leben. Selbst dass es ein Innen und ein Außen gibt, ist eine Konstruktion. Es gab und gibt Zeiten, beispielsweise in der Kindheit, in Träumen oder meditativen Zuständen, in denen wir uns und unsere Umwelt als Einheit empfinden.

SIE SIND DER SCHÖPFER IHRER WELT!

Wir können für unser Leben die existenzialistische Hypothese wählen, in diese Welt geworfen zu sein: Wir hatten auf dieses Ereignis keinen Einfluss und leben nun in dem Rahmen, der uns zugefallen ist. Wir führen ein gutes Leben, wenn wir diesen Rahmen wertschätzen und uns entsprechend unseres eigenen Lebensentwurfs entwickeln. Wenn wir sterben, können wir zufrieden zurückblicken. Wir haben das getan, was wir wollten und konnten. Wir haben Gemeinschaft und Verbindung mit anderen Menschen gespürt und das Leben in seinen sinnlichen Qualitäten genossen. Schmerz haben wir so akzeptiert, wie er ist und zum Leben gehört, und wir können nun in Frieden gehen. Vielleicht haben wir der Welt Kinder und anderes von Bedeutung geschenkt, sodass ein Teil von uns weiter wirkt. Für uns selbst gibt es ein Danach nicht mehr.

Eine andere, spirituelle Hypothese geht davon aus, dass unsere Seele sich entschieden hat, in dieser Zeit, bei diesen Eltern und mit unserer körperlichen Ausstattung auf die Welt zu kommen. So, wie es ist, ist es der richtige Rahmen, bestimmte Erfahrungen zu machen und daran zu wachsen. Wir führen ein gutes Leben, wenn wir diesen Rahmen wertschätzen und uns entsprechend unserer Seele entwickeln. Da unsere Seele mit Gott und allen anderen Seelen in Verbindung steht, erfahren wir in der Stille und in der Aufmerksamkeit immer wieder Freude, Geborgenheit und Verbundensein mit dem großen Ganzen. Wenn wir sterben, können wir zufrieden zurückblicken. Wir haben das getan, was unser Innerstes wollte und für das wir uns in diesem Leben entschieden haben. Wir haben Gemeinschaft und Verbindung mit anderen Menschen gespürt und das Leben in seinen sinnlichen Qualitäten genossen. Schmerzen haben wir auch als Hinweis genommen, etwas in unserem Leben zu ändern, haben unsere Einstellung und unser Verhalten korrigiert und vom Rest akzeptiert, dass er zu unserem Leben gehört. Vielleicht haben wir der Welt Kinder und anderes von Bedeutung geschenkt, sodass auch ein materieller Teil von uns weiterlebt. Wir können in Frieden diese Welt verlassen und in die Welt gehen, in der unsere Seele zu Hause ist. Vielleicht kommen wir nach einiger Zeit wieder, um weitere Erfahrungen zu machen.

Beide Lebensentwürfe betonen die Verantwortung für die Gestaltung des eigenen Lebens und stärken Lebensfreude und Eingebundensein. Auch der materielle Entwurf sieht den Menschen als Schöpfer seiner Welt. Allerdings ist er nüchtern, und damit sind seine Gestaltungsmöglichkeiten begrenzt. So werden seine Wunder ein wenig kleiner ausfallen als im spirituellen Entwurf, der darüber hinaus den Vorzug hat, zu mehr Verbundenheit und Geborgenheit einzuladen. Er schafft auch die Möglichkeit – über die sinnliche Ebene hinaus –, tiefen Kontakt mit anderen Menschen und allen Wesen zu erfahren.

Sie sind der Schöpfer Ihrer Welt! Schaffen Sie sich eine Welt, die Ihnen Freude macht, egal ob sie auf einer materiellen oder spirituellen Hypothese aufbaut. Wir wissen sowieso nicht, was die absolute Wahrheit ist, und so schafft jeder seine eigene. Lassen Sie jedoch die Konzepte von Leid, Schuld, Sühne, schlechtem Karma, einem strafenden Gott, Dämonen, dem Verlorensein in der Welt oder einem verhängnisvollen Feng Shui los. Öffnen Sie sich der Liebe, hören Sie auf den liebevollen und weisen Teil in Ihrem Inneren und tun Sie das, was Ihnen Ihre materielle Welt an praktischen Aufgaben nahe legt. Suchen Sie immer wieder Ruhe und Besinnung, um zu sich zu finden oder Ihrer Seele zu lauschen.

Neale Donald Walsch schreibt in seinen *Gesprächen mit Gott* (siehe Literaturtipps), wie wir Gott, unsere Seele, unsere innere Wahrheit vernehmen können: »Höre auf deine Gefühle, deine erhabensten Gedanken, deine Erfahrung. Wenn sich irgendetwas davon von dem unterscheidet, was dir deine Lehrer erzählt haben oder du in Büchern gelesen hast, dann vergiss die Worte. Worte sind die am wenigsten zuverlässigen Wahrheitslieferanten.«

Es ist gesund und zutiefst spirituell, wenn Sie aufmerksam im Hier und Jetzt sind und das, was Sie tun – egal wie banal es Ihnen erscheint –, bewusst und mit Freude machen. In diesem Sinne können Zähneputzen, Abwaschen, Autofahren, Fahrradreparieren, einem Menschen Zuhören und vor allem das Liebemachen äußerst wirkungsvolle Meditationen sein.

Ein weiser Spruch lautet: »Jeder Moment, in dem du glücklich bist, ist ein Geschenk für die Welt.« Vielleicht ist der Wunsch nach Glücklichsein ja auch ein Impuls, um sich mit Spiritualität zu beschäftigen. Fragen Sie sich, wann immer es sinnvoll ist, ob Sie gerade glücklich sind, und wenn nicht, was Sie selbst dazu tun können, damit Sie es werden (erinnern Sie sich an die drei Fragen auf Seite 46!).

Als höchstes spirituelles Ziel wird immer wieder die Erleuchtung oder das Erwachen genannt: Wir wollen erfahren, wer wir in Wahrheit hinter unserem neurotischen Verhalten, unseren Masken und Automatismen sind, wollen die Reinheit unseres höheren, wahren Selbst erkennen.

»Der Weg ist das Ziel« ist einer der bekanntesten weisen Sätze, und jeder muss seinen eigenen Weg gehen und seine eigenen Erfahrungen machen.

Wie findet man jedoch einen spirituellen Lehrer oder eine Lehrerin, dem bzw. der man vertrauen kann? Wie kann man verhindern, in einer Sekte zu landen?

Vielleicht zieht ein Artikel oder ein Buch Sie an oder Freunde laden Sie zu einem offenen Abend ein, den viele Lehrer vor ihren Seminaren anbieten. Auch der Besuch eines Satsangs (meditatives Gruppentreffen mit einem spirituellen Lehrer, dem man persönliche Fragen stellen kann) ist für manche der Beginn ihrer Reise zum Selbst. Es kann auch jemanden in Ihrem Umfeld geben, der sich positiv von anderen unterscheidet, der Dinge sagt, die in Ihnen etwas zum Klingen bringen. Auf diesen Menschen könnten Sie zugehen und herausfinden, wie er seinen Weg geht und durch wen er gefördert wird.

Begegnen Sie Menschen, von denen Sie lernen wollen, offen, aber fühlen (nicht denken!) Sie immer wieder nach, ob das Gesagte für Sie selbst stimmt. Trauen Sie sich, Ihre Zweifel und Ängste zu äußern, und spüren Sie, ob Sie liebevoll angenommen werden oder nicht. Hüten Sie sich vor Menschen, die Ihnen das Paradies auf Erden versprechen, wenn Sie die Dinge tun, die sie verlangen, und die Druck ausüben, falls Sie es nicht tun.

Wenn Sie keine Lehrer wollen, brauchen Sie doch Menschen, die Ihnen über die alltägliche Kommunikation hinaus ein Spiegel sind und Ihnen ein Feedback geben. Dies geht natürlich sehr gut in einer vertrauensvollen Partnerschaft, in der Ihr Partner Ihnen in aller Liebe seine Rückmeldungen gibt. Es ist aber empfehlenswert, in viele verschiedene Spiegel zu blicken und eine Gruppe von Gleichgesinnten für den regelmäßigen Austausch zu suchen oder zu gründen. Wichtig ist die Bereitschaft, die Eindrücke und Vorschläge der anderen zu hören und anzunehmen (siehe die Übung »Feedback und Sharen«, Seite 172).

Dann ist es auch immer wieder wichtig, für sich allein und in der Stille zu sein (siehe die Übung »Nach innen schauen«, Seite 41). Wem das im Alltag noch schwer fällt oder wer sich eine längere »Aus-Zeit« gönnen möchte, kann sich zu Retreats anmelden, die Klöster, spirituelle Lehrer, Yogaschulen und Seminarhäuser anbieten (unter einem Retreat versteht man einen bewussten Rückzug aus der Unruhe und der Ablenkung des Alltags mit dem Zweck der Innenschau).

Eine für manche besonders erfolgreiche Art der Beantwortung der Frage »Wer bin ich?« ist der so genannte Satori-Prozess, in dem man sich für zehn Tage in verschiedenen Meditationsformen und Zweiergesprächen nur mit dieser Frage beschäftigt (Satori ist der japanische Begriff für einen Einblick in den Zustand des Erwachtseins).

Auch die neuntägigen »Avatar«-Seminare, die weltweit praktiziert werden, können ein Teil des eigenen Weges sein.

Es gibt eine Vielzahl von Angeboten verschiedener Lehren und Methoden. Ob jemand »seriös« ist, werden Sie selbst herausfinden, wenn Sie mit Herz und Verstand dabei sind. Unsere Erfahrung ist, dass Gruppen, Lehrer und Menschen, mit denen wir leicht, humorvoll und dennoch tief und innig sein können, uns sehr gefördert haben.

Herauszufinden, wer man ist, hat nichts mit Leiden und Anstrengung zu tun, sondern mit Liebe zum Leben und der Entschlossenheit, wach zu sein und zu bleiben. Es gibt nichts zu erreichen, schon gar nicht Erleuchtung, sondern nur ganz und gar zu sein, jetzt und in jedem Moment.

SUCHE UND SUCHT

Wenn Sie alkoholabhängig sind, können Sie mit ziemlicher Sicherheit davon ausgehen, dass Sie sich auf Ihrer spirituellen Suche, auf Ihrer Suche nach dem Sinn des Lebens verirrt haben. Statt auf Ihre Seele zu hören, haben Sie sich an einen »Spiritus« geklammert. Auch der Gebrauch von bewusstseinserweiternden Drogen (beispielsweise LSD oder Ecstasy), der von Heilern und Schamanen immer nur innerhalb eines heiligen Rituals genutzt wurde, kann außerhalb dieses Rahmens schnell zu Ablenkung und Sucht führen. Grundsätzlich kann man sagen, dass jeder intensive Drogengebrauch den Weg zur eigenen inneren Wahrheit erschwert, entweder indem er vernebelt und Hirngespinste erschafft oder indem er Energie und Lebenskraft raubt.

Rauchen oder kiffen Sie viel, putschen oder beruhigen Sie sich mit irgendwelchen Pillen, trinken Sie übermäßig Alkohol oder Kaffee, stopfen Sie sich mit Süßigkeiten zu, sind Sie dem Spiel oder einem anderen Menschen verfallen? Hören Sie damit auf! Machen Sie eine Kur, eine Therapie und suchen Sie Ihren Weg, der Sie zu etwas Höherem führt. Für Sie ist eine materialistische Lebenseinstellung offensichtlich (denn Sie haben sich ja bereits verirrt!) nicht geeignet. Geben Sie zu, dass Sie es nicht allein schaffen. Geben Sie sich in Gottes Hände (oder wie immer Sie dieses Höhere nennen wollen) und akzeptieren Sie, dass es Dinge gibt, die größer und mächtiger sind als Sie. Tragen Sie Verantwortung für Ihr Leben und bitten Sie diese höhere Kraft um Hilfe. Hören Sie jedoch auf, andere Menschen, die Umstände oder Ihr Pech für Ihr Leben verantwortlich zu machen. Gehen Sie zu den Anonymen Alkoholikern oder den Gruppen, die zu Ihrer Sucht passen. Handeln Sie und hören Sie auf, sich zu bemitleiden – erst dann kann Ihnen geholfen werden.

Übungen

Mantras singen

Eine gefühlvolle und leichte Art, einen tieferen Zugang zur geistigen Welt zu finden, ist Mantras zu singen. Mantras sind kurze religiöse Verse, wie beispielsweise »Halleluja«, »Amen« und »Om Nama Shivaja«. Sie können diese schöne Übung allein oder in einer Gruppe machen.

Das Mantrasingen sollte mindestens zwanzig Minuten dauern, damit Klänge und Schwingungen im Raum und in Ihrem Körper Zeit zur Entfaltung haben. Der Gesang und die Vibrationen können Sie beruhigen, entspannen und Ihre Selbstheilungskräfte stärken. Erinnern Sie sich daran, dass Eltern Ihre Kinder in den Schlaf singen und Katzen schnurren, wenn sie sich wohl fühlen.

Oft ist es erleichternd, wenn Sie im Hintergrund eine Kassette oder CD mit einem Mantra Ihrer Wahl laufen lassen. Setzen Sie sich in eine bequeme Position, in der Sie aufrecht sind und gut atmen können. Nach dem Singen bleiben Sie noch einige Minuten in der Stille sitzen.

Wie für alle Meditationen sind die frühen Morgen- und Abendstunden besonders günstige Zeiten zum Mantrasingen.

Der kluge Rat

28. Wenn Sie sich (spirituell) weiterentwickeln wollen, lernen Sie auf Ihre innere Stimme zu hören und erledigen Sie die Dinge Ihres Lebens liebevoll und aufmerksam.
29. Geben Sie sich jeden Tag mindestens eine halbe Stunde Zeit, die Sie allein und in Stille verbringen.
30. Strengen Sie sich nicht an. Lassen Sie es geschehen!

Literaturtipps

Klassische Werke

Bibel, Neues Testament, Matthäus-Evangelium, 6, 25–34: Sorgen; 7, 1–6: Bewerten; 7, 7–11: Bitten; 13, 1–23: Gleichnis vom Sämann

Bhagavadgita (zum Beispiel Mylius, Klaus: *Die Bhagavadgita. Des Erhabenen Gesang.* München 1997)

I Ging (zum Beispiel Wilhelm, Richard: *I Ging. Das Buch der Wandlungen.* Bergisch Gladbach 2001)

Lao-tse: Tao Te King (zum Beispiel Lao-tse: *Tao Te King. Das Buch vom Weg des Lebens.* Bergisch Gladbach 1999)

Moderne Klassiker

Boerner, Moritz: *Byron Katies The Work: Der einfache Weg zum befreiten Leben.* München 1999

Caddy, Eileen: *Herzenstüren öffnen.* Gutach im Breisgau 1989

Castaneda, Carlos: *Das Rad der Zeit – Das Vermächtnis des Don Juan*. Frankfurt am Main 2001

Dalai Lama: *Die Freude, friedvoll zu leben und zu sterben*. München 1998

Dethlefsen, Thorwald: *Schicksal als Chance. Das Urwissen zur Vollkommenheit des Menschen*. München 1998

Hazelden Meditationsbuch: *Berührungspunkte – Tägliche Meditationen für Männer*. München 1988

Hazelden Meditationsbuch: *Jeder Tag ein neuer Anfang – Tägliche Meditationen für Frauen*. München 1988

Jampolsky, Gerald G.: *Lieben heißt die Angst verlieren*. München 1996

Osho: *Intelligenz des Herzens*. Köln 1996

Osho: *Leben, Lieben, Lachen*. Wien 1999

Thich Nhat Hanh: *Schritte der Achtsamkeit*. Freiburg 2000

Tolle, Eckart: *Jetzt – Die Kraft der Gegenwart*. Bielefeld 2001

Tolle, Eckart: *Leben im Jetzt*. München 2002

Troll, Pyar: *Reise ins Nichts. Geschichte eines Erwachens*. Bielefeld 2000

Walsch, Neale Donald: *Gespräche mit Gott*. Band 1-3. München 1997, 1998

Wilber, Ken: *Eine kurze Geschichte des Kosmos*. Frankfurt am Main 1997

Poesie und Prosa
Bach, Richard: *Die Möwe Jonathan*. Berlin 1972

Bach, Richard: *Illusionen*. Berlin 1991

LeGuin, Ursula K.: *Erdsee*. München 1999

Hesse, Hermann: *Siddhartha – Eine indische Dichtung.* Frankfurt am Main 1973

Körner, Heinz: *Johannes*. Fellb 2000

Meister Ryokan: *Alle Dinge sind im Herzen*. Freiburg 1999

Walsch, Neal Donald: *Ich bin das Licht*. Freiburg 1999

Wetering, Janwillem van de: *Inspektor Saitos kleine Erleuchtung*. Reinbek 1986

CDs

Weber, Bruce/Fried, Claudia: *Mantras der Welt*. Freiburg 1997

Marshall, Henry/Playshop Family: *Mantras – Magische Gesänge der Kraft*. Freiburg im Breisgau 1992

Osho/Deuter: *Osho Kundalini*. USA 2000 (einstündige Meditation mit aktiven und tänzerischen Phasen sowie Abschnitten der Stille)

Websites

Anonyme Alkoholiker: www.anonyme-alkoholiker.de

Spirituelle Lehrer:

• Brant Secunda: www.shamanism.com
• Byron Katie: www.thework.org
• Eli Jaxon-Bear: www.leela.org
• Gangaji: www.gangaji.org
• Isaac Shapiro: www.bigfoot.com/~isaacshapiro
• Mutter Meera: www.mothermeera.com

- Paul Lowe: www.ineachmoment.com
- Pyar Troll: www.pyar.de
- Samarpan: www.samarpan.de
- Thich Nhat Hanh: www.plumvillage.org

Spirituelle Zentren:
- Schottland: www.findhorn.org
- Kalifornien: www.esalen.org
- Poona, Indien: www.osho.com

Ehe und Partnerschaft

In diesem Kapitel wollen wir uns zuerst mit einigen wichtigen Erkenntnissen der Kommunikationslehre beschäftigen. Die daraus gewonnenen Aussagen gelten für jeden zwischenmenschlichen Kontakt, also auch für den ganz alltäglichen im öffentlichen Leben, Beruf oder Freundeskreis. Dann werden wir uns dem Miteinander und den häufigen Missverständnissen der Geschlechter widmen. Schließlich besprechen wir unter dem Thema Sex, was das ganz Besondere in einer Liebesbeziehung oder Ehe ausmacht.

DIE KUNST DER KOMMUNIKATION

Zwei Menschen möchten miteinander reden: Der eine spricht klar aus, was er möchte, der andere hört zu, versteht und antwortet ebenso deutlich. Jetzt hört der andere zu und versteht, was sein Gegenüber äußert. Wenn beide in ihren Meinungen übereinstimmen, werden sie vielleicht das nun gemeinsame Anliegen durchführen. Wenn sie nicht übereinstimmen, akzeptieren sie dies. Dann können sie weiter kommunizieren, um Lösungen für beide Anliegen zu finden, oder von dem Vorhaben einer gemeinsamen Aktion ablassen.

Dies hört sich erst mal ganz einfach an und doch liegen viele Hindernisse auf dem Weg zu einer stimmigen Kommunikation: Man weiß nicht genau, was man will, man drückt sich unklar aus, hört dem anderen nicht richtig zu, akzeptiert nicht, dass das Gegenüber eine andere Vorstellung hat, fühlt sich im Recht, allein gelassen, genötigt, etwas zu tun, missverstanden ...

Bringen wir Klarheit in unsere kommunikativen Verwirrungen!

Die klaren 6 – Basistipps für eine stimmige Kommunikation

1. *Vertrauen Sie auf das, was werden will.* Erinnern Sie sich immer wieder in vermeintlich schwierigen Gesprächen: Das, was gerade geschieht, was Sie jetzt zu besprechen und zu klären haben, dient Ihrer Entwicklung und der Ihres Gesprächspartners. Sie beide sind in dieser Situation miteinander verbunden, Ihr Innerstes und das Ihres Partners wollen sich beide entfalten, haben beide das Recht und die Sehnsucht auf Verwirklichung.

   Es kommt nicht darauf an, dass sich einer durchsetzt und ein anderer zurücksteckt. »Was will werden?«, ist die Frage, die Sie sich stellen können. Vielleicht wollen Sie ja genau das machen, was Ihr Partner vorschlägt. Lassen Sie sich dann nicht von Ihrem Ego oder Dickkopf blockieren. Vielleicht spüren Sie aber auch, dass der Vorschlag Ihres Partners für Sie unpassend ist. Bleiben Sie dann klar bei dem, was Sie für richtig halten. Und vielleicht finden Sie gemeinsam und ganz entspannt für Ihrer beider Anliegen eine Lösung, an die Sie bisher noch gar nicht gedacht haben. Nutzen Sie Ihre Energien, um etwas Neues und Schönes zu erschaffen.

2. *Lernen Sie sich kennen und akzeptieren Sie sich, wie Sie sind.* Wissen Sie eigentlich, wie Sie sind und wie Sie kommunizieren?

Fühlen Sie sich im Austausch oft unterlegen, überlegen, verschwommen, genervt, kraftlos oder energiegeladen? Sprechen Sie laut oder leise, wohlklingend oder dissonant? Kriegen Sie Ihren Mund nicht auf, halten Sie sich in Gesprächen zurück oder müssen Sie zu allem und jedem etwas sagen? Haben Sie eine persönliche Verbindung zu dem, was Sie sagen, oder erzählen Sie das, was man eben so sagt?

Nehmen Sie sich so an, wie Sie sind. Halten Sie sich nicht davon ab, das zu sagen, was Sie zu sagen haben. Wenn Sie jedoch sehr viel reden, halten Sie sich auch mal zurück und üben Sie das Zuhören. Kommunikation funktioniert nur, wenn jeder das sagt, was er zu sagen hat, und jeder dem anderen zuhört.

Akzeptieren Sie, wenn Sie in Gesprächen emotional aufgewühlt sind, Ihnen die Tränen kommen, Sie rot werden oder Ihre Stimme zittrig klingt. Auch wenn es Ihnen peinlich ist, lassen Sie sich davon keinesfalls entmutigen und drücken Sie sich weiterhin auf Ihre Art aus. Nach einiger Übung werden Sie gelassener sein.

Wenn Sie zu den Menschen gehören, die Gespräche dominieren, fragen Sie sich mal, ob Sie das auf Dauer wirklich wollen. Gehen Ihnen nicht viele der leisen und stillen Töne verloren? Wissen Sie, was in Ihrem Partner vorgeht? Bekommen Sie noch neue Impulse oder dreht sich Ihre Welt nur um das, was Sie sowieso schon wis-

sen? Wie wird es wohl sein, wenn Stille herrscht? Aus
scheinbar unerträglichen Momenten des Schweigens
können wunderbare Stimmungen, Begegnungen und
Erkenntnisse entstehen.

Lernen Sie sich kennen und üben Sie, stimmig zu
kommunizieren. Es ist für jeden Menschen eine Berei-
cherung, sich auf die Schliche zu kommen und zu erfahren, wie man auf andere wirkt. Es schadet also überhaupt nicht, wenn Sie an Kommunikationstrainings teil-
nehmen. Denken Sie aber daran: Es ist wichtiger, sich
selbst zu erkennen und zu entfalten, als neue Tricks zu
lernen.

3. *Sprechen Sie von sich.* Wir neigen dazu, persönliche Gefühle oder Einstellungen mit dem Wörtchen »man« zu
verallgemeinern. Eigentlich haben wir ein Gefühl wie:
»Mir gefällt das nicht«, »Ich möchte, dass wir dies oder
jenes tun«, und wir sagen stattdessen: »Man tut das
nicht«, »In dieser Situation sollte man doch …«.

Es ist oft besser, »ich« oder »wir« zu sagen. Uns wird
dann eher bewusst, was wir bei unseren Worten fühlen,
und wir stehen auch gerade dafür, statt uns hinter dem
verschwommenen »man« zu verstecken. Unser Partner
versteht dann auch, dass wir unsere Meinung äußern
und nicht etwa eine »absolute Wahrheit«. So können
wir uns von festgefahrenen Klischees wie: »Man sollte«, »So macht man das nun mal«, »Alle Menschen
müssen …« lösen.

Dies gibt uns Freiheiten und zeigt Möglichkeiten auf,
die wir selbstbestimmt aussuchen und umsetzen kön-

nen. In solch einer Kommunikation entsteht ein Handlungsspielraum, der für viele Vorstellungen Platz hat. Es ist nicht mehr nötig, zu kämpfen und auf festen Positionen zu beharren. Wir können uns für das entscheiden, was uns gefällt, denn es ist unsere Meinung. Und unser Gesprächspartner darf ruhig etwas anderes als wir empfinden und ausdrücken.

4. *Bringen Sie Ihre innere Haltung, Ihre Worte und Gesten in Übereinstimmung.* Wenn wir miteinander reden, kommunizieren wir verbal und nonverbal. Unsere Worte vermitteln einen Inhalt, unsere Stimme, unsere Mimik und unsere Körperhaltung ebenfalls. Wenn ich sage »Ich finde dich nett« und dabei ein griesgrämiges Gesicht mache, sorge ich für Verwirrung. Kann man meinen Worten trauen oder meinem Ausdruck? Damit ist dann ein weites Tor für Missverständnisse geöffnet. Oft wird der Sprecher seine Worte in Erinnerung behalten, während der Zuhörer jedoch – mehr oder weniger unbewusst – den nonverbalen Äußerungen folgt.

Deshalb ist es so wichtig, sich selbst kennen zu lernen. Manch ein Körperausdruck hat sich bereits über die Jahre eingeschlichen, und wir wissen oft gar nicht mehr, was wir ausdrücken. Selten ist uns bewusst, dass wir unnatürlich grinsen, mürrisch dreinschauen, ängstliche Haltungen einnehmen oder auf andere Menschen bedrohlich wirken. So ist es folgerichtig und dennoch für den, der sich noch nicht gut kennt, verwunderlich, wenn er oft nicht für voll genommen wird, kaum herzliche Kontakte hat, häufig gehänselt oder ständig in

Streit verwickelt wird. Dabei sind es vielleicht »nur« die unbewussten Haltungen, die zu einer bestimmten Gesprächsatmosphäre einladen.

Besonders in der Kindererziehung ist eine kongruente Kommunikation wichtig. Kongruent heißt, Sie sagen das, was Sie meinen, und drücken dies sowohl mit Worten als auch mit Ihrer Körperhaltung aus. Wenn Sie Kindern etwas verbieten und dabei grinsen, werden Sie wenig Eindruck hinterlassen. Wenn Sie dabei grimmig schauen, wird Ihr Kind sich erschrecken. Wenn Sie Ihr Kind auf das Leben vorbereiten wollen und dabei missmutig erscheinen, geben Sie auch diesen Eindruck weiter. Wollen Sie das?

5. *Unterscheiden Sie Inhalts- und Beziehungsaspekte.* Gespräche finden meistens auf zwei Ebenen statt. Einerseits möchte man Sachthemen vermitteln, andererseits seine Beziehung zu seinem Gegenüber ausdrücken. Eine Teambesprechung ist vor allem von inhaltlichen Themen geprägt, eine Unterhaltung auf einer Party von Beziehungsaspekten. Im Team sucht man die Lösung für eine bestimmte Aufgabe, auf der Party möchte man vielleicht zum Ausdruck bringen, dass man ein friedlicher Nachbar, ein weltgewandter Gesprächsteilnehmer, eine mitfühlende Zuhörerin oder ein attraktiver Sexpartner ist.

Im Teamgespräch sind Beziehungsaspekte allerdings auch sehr interessant: Wer hat das Sagen, wo sind die Konkurrenten, mit wem kann ich mich verbünden? Auf einer Feier geht es dagegen fast nur um Beziehungen – Gesprächsthemen wie Autos, Mode oder Politik sind austauschbar und nur Aufhänger, um Kontakte zu knüpfen.

In Paarbeziehungen entsteht ein besonders spannendes Feld, denn hier sind Inhalts- und Beziehungsaspekte von ähnlich wichtiger Bedeutung. Einerseits sind die vielen praktischen Dinge des Alltags zu regeln, andererseits ist man ein Paar, das nach verbindendem und zärtlichem Austausch Sehnsucht hat.

Oft gibt es zwischen Männern und Frauen Missverständnisse, häufig, weil die Frau auf der Beziehungsebene spricht und der Mann auf der Sachebene versteht. Sie: »Ach Liebling, was sind das für schöne Ohrringe« (Beziehungsebene: Es macht Spaß, mit dir so gemütlich zu bummeln und sich schöne Dinge anzuschauen). Er: »Dafür haben wir jetzt kein Geld« (er hat das Sachthema gehört: Ich möchte, dass du mir Ohrringe kaufst).

Wenn Beziehungen angespannt sind, werden die Beziehungsaspekte so gravierend, dass es oft kaum noch möglich ist, entspannt über Sachthemen zu sprechen. Dann ist es notwendig, sich über die Beziehung auszutauschen, die Beziehung zu klären. Was fühle ich? Was vermisse ich? Was möchte ich von dir? Was hat mich verletzt?

Erst wenn diese Aussprache stattgefunden hat und die Verbindung der Partner von Missverständnissen, Verletzungen und Enttäuschungen gereinigt ist, lässt sich wieder kompetent und harmonisch über Sachthemen sprechen.

Üben Sie immer wieder, was Sie wirklich zum Ausdruck bringen wollen. Benutzen Sie keine Sachthemen, um Ihrem Partner eine Beziehungsaussage unterzuschieben. Sprechen Sie in Ihren Beziehungen das an, was Sie zu klären haben. Denken Sie dabei daran, von sich zu sprechen und Ihrem Gegenüber keine Vorwürfe zu machen. Sagen Sie beispielsweise: »Ich fühle mich verletzt, wenn du das so sagst«, und nicht: »Du hast mich verletzt« oder »Wie kannst du nur«.

6. *Sprechen Sie über Ihre Art zu sprechen.* Metakommunikation ist ein Gespräch über die Art, wie man miteinander kommuniziert.

Ihm werden Welten aufgehen, wenn er endlich versteht, was sie mit ihrer Aussage wirklich meint, und sie wäre nie auf die Idee gekommen, dass er ihre Worte so auffassen könnte. Sprechen Sie mit Ihrem Partner immer wieder darüber, was er wirklich meint, und teilen Sie mit, was Sie verstehen oder zum Ausdruck bringen wollen. Dies wird Ihre Kommunikation sehr entspannen. Und Sie haben viel zu lachen, wenn Sie mit Humor nehmen, was Sie so alles »falsch« verstanden haben.

Übungen

Feedback und Sharen

Dies ist eine Gruppenübung, mit der Sie sehr wirksam Ihre Kommunikation klären, Ihre Muster erkennen und sich zu Ihrem Innersten vortasten können.

Zuerst sind einige Erklärungen nötig:

Unter Feedback verstehen wir eine Rückmeldung, die wir einer anderen Person zu deren Verhalten geben, beispielsweise: »Das, was *du* gerade gesagt hast, hört sich unklar an«, »Merkst *du*, dass *du* beim Reden *deine* Stirn in Falten legst«, »*Deine* Stimme klingt gerade sehr ärgerlich«.

Obwohl Feedback dem »Du« etwas sagt, ist es natürlich von der persönlichen Wahrnehmung des »Ich« abhängig. Für den einen mag eine Stimme ärgerlich klingen, für den anderen nur laut. So trägt Feedback auch immer eine Aussage über den, der es gibt.

Interessant wird es vor allem, wenn mehrere Menschen ähnliche Einschätzungen zu einem Verhalten geben. Auch das muss natürlich nicht die Wahrheit sein, könnte dem, der das Feedback bekommt, jedoch wichtige Anregungen geben.

Unter Sharen verstehen wir eine Mitteilung über uns, beispielsweise: »Das, was du gerade gesagt hast, berührt *mich*«, »Das Gesicht, das du gerade machst, erschreckt *mich*«, »*Ich* fühle *mich* mit dir verbunden«.

Sharen ist eine Aussage über mich, die aber durchaus von dem Verhalten eines Gegenübers ausgelöst werden kann. Sharen wird interessant, wenn ich merke, dass ich auf bestimmte Auslösereize mit meinen persönlichen Emotionen reagiere, während jemand anders vielleicht ganz anders empfindet.

Stimmige Kommunikation zeichnet sich unter anderem dadurch aus, dass die Gesprächspartner viel sharen, sich beim Feedback zurückhalten – es sei denn, sie werden ausdrücklich darum gebeten – und auf ungenaue und verletzende Formulierungen verzichten. Nehmen wir ein Beispiel:

- »Du nervst«: verletzend und ungenau
- »Du wirkst (auf mich) sehr unruhig«: Feedback
- »Mich stört, wenn du so unruhig bist«: Sharen

Beachten Sie aber auch Ihre innere Haltung. Wenn Sie perfekt formulieren und innerlich kochen, kommt eher Ihre Schwingung als Ihre wohl gewählten Worte zum Ausdruck.

Wenn Sie sharen, können Sie Ihre Emotionen und Ihre Kommunikation klären und sehr wirkungsvoll Ihre persönliche Entwicklung fördern. Erinnern Sie sich auch an den Abschnitt »Selbstwert« und die Übung »Kommunikationsmuster lösen« (siehe Seite 60f.). Dazu können Sie sich regelmäßig mit Freunden treffen und sich über Ihre Gedanken, Gefühle und Erfahrungen in Ihrer gemeinsamen Kommunikation austauschen. Sie haben dann eine gute Chance, Ihre oberflächlichen und automatischen Verhaltensmuster zu erkennen und weiter zu Ihrem wahren Kern vorzudringen.

Nutzen Sie Ihre Zeit und sprechen Sie über das, was Sie wirklich bewegt. Seien Sie aufmerksam und schauen Sie, was unter Ihrer Oberfläche liegt.

Was steckt hinter Ihrem Ärger, Ihrer Wut, Ihrer Traurigkeit, Ihrer Unruhe oder Aggressivität? Spüren Sie Mitgefühl, wenn jemand seine Gefühle zeigt? Nehmen Sie wahr, was die Geschichte des anderen ist und an was aus Ihrem Leben seine Geschichte Sie erinnert.

Wenn Sie ehrlich Ihre Gefühle mitteilen, klären Sie etwas für sich und geben Ihren Freunden Gelegenheit zu spüren, was ihre Worte bei Ihnen auslösen. So können Sie zusammen lernen, feiner und aufmerksamer zu lauschen und immer deutlicher die Stimmen Ihrer Seelen zu vernehmen.

Achten Sie darauf, nicht zu kritisieren. Reden Sie ruhig, feinfühlig und liebevoll. Wir alle sind in diesem Austausch empfindlich und schrecken leicht zurück. Vermeiden Sie auch Ratschläge, es sei denn, Sie werden ausdrücklich darum gebeten. Es kommt ja nicht darauf an, den anderen zu belehren, sondern sich selbst tiefer zu ergründen.

Der Schwerpunkt Ihrer Übungen liegt also beim Sharen. Ein liebevolles Feedback ist hin und wieder hilfreich, wenn Sie Ihr Gegenüber auf bestimmte Körperhaltungen und Verhaltensweisen aufmerksam machen, die ihm vielleicht nicht bewusst sind. Manchmal ist es auch gut zu bitten, auf bestimmte Marotten hingewiesen zu werden, die man sich abgewöhnen möchte.

Es ist nicht schlimm, wenn Sie unstimmig sind, Ihre wahren Gefühle nicht spüren oder verwirrt sind. Es ist auch nicht schlimm, wenn Sie sich kaum trauen, etwas zu sagen, oder wenn ein Gesprächsbeitrag Sie verschreckt. Gerade dann lernen Sie etwas über sich. Teilen Sie mit, was Sie gerade bewegt und was Sie zu sagen haben!

Beginnen Sie Ihre Treffen mit einem kleinen Ritual. Stellen Sie etwas in die Mitte Ihrer Runde, das Sie verbindet. Beginnen Sie mit Körperübungen, die Sie lockern, mit einem Kreistanz oder einem gemeinsamen Lied. Kommen Sie danach zur Ruhe, lassen einige Minuten Stille in Ihren Kreis einkehren und den beginnen, der etwas auf dem Herzen hat. Legen Sie einen Zeitrahmen für Ihren Austausch fest und beenden Sie Ihre Runde mit einem gemeinsamen Abschiedsritual.

Die weitaus längste Zeit unserer Entwicklung zum modernen Menschen waren die Männer unterwegs, um für ihre Sippe zu jagen. Die Frauen blieben im Umkreis der Behausungen, sorgten für die Kinder und sammelten Früchte und Holz.

In diesen Zeiten hat das menschliche Gehirn seine letzte Ausformung erhalten, und bis heute funktionieren männliche und weibliche Gehirne ein wenig unterschiedlich (85 bis 90 Prozent der Menschen haben ein ihrem Geschlecht zugeordnetes Gehirn, 10 bis 15 Prozent denken gegenpolig).

Stellen Sie sich vor: Die Männer hockten Seite an Seite in einem Versteck, warteten auf das Wild, um dann plötzlich loszurennen und es zu erlegen. Währenddessen waren die Frauen vor der Höhle, beobachteten das Feuer, hielten die Kinder im Auge und ließen ihre Blicke schweifen, ob von irgendwo Gefahr droht. Die Männer blickten in eine Richtung, mussten still sein und auf den richtigen Zeitpunkt warten. Die Frauen beobachteten den Umkreis, mussten sprechen und ansprechbar sein, um die Kinder zu erziehen, die Gruppe zusammenzuhalten oder Konflikte zu schlichten.

Wenn die Männer nach Hause kamen, war die Freude über die Jagdbeute groß. Die Jäger wurden gefeiert und bekamen Anerkennung. Wenn die Beute zu gering war, mussten alle hungern. Die Versorger hatten dann versagt.

Die Männer verausgabten sich körperlich auf der Jagd,

zu Hause brauchten sie Ruhe, um zu regenerieren. Sie saßen am Feuer und taten nicht viel. Die Frauen mussten dagegen vieles gleichzeitig tun: Essen bereiten, die Kinder »zu Bett« bringen und die Männer versorgen.

Die Frauen zeigten ihre Gefühle, um ihren Kindern eine Heimat zu geben und auch um Beziehungen untereinander aufrechtzuerhalten. Die Männer durften ihre Gefühle – vor allem ihre Ängste und Zweifel – nicht ausdrücken. Sie hätten ihre Familien verunsichert und sich selbst im Kampf und bei der Jagd geschwächt. Auch brauchten sie untereinander nicht über Gefühle zu reden, denn sie hatten ein gemeinsames Ziel, das alle Energien bündelte und den Zusammenhalt der Männergruppe sicherte.

Männer zeugten viele Nachkommen, wenn sie viel Sex mit verschiedenen Frauen hatten. Frauen konnten viele Kinder großziehen, wenn sie nur einen Partner hatten, der bei ihnen blieb, sie und ihre Kinder versorgte und beschützte.

Männer haben ein dickes Fell, das sie vor Verletzungen bei Kampf und Jagd schützt. Frauen haben eine dünnere, empfindsamere Haut.

Nun wird offensichtlich, warum männliche Gehirne anders sind als weibliche:

- Männer sind eher lösungs- oder zielorientiert, Frauen eher beziehungsorientiert.
- Männer können nur eins nach dem anderen machen, Frauen können vieles gleichzeitig tun.
- Frauen lösen ihre Probleme im Gespräch, Männer brauchen dazu Ruhe.

- Frauen zeigen mehr Gefühl, Männer halten sich eher an die Logik.
- Männer lieben den Sport und den Wettkampf, Frauen den Tanz und das Miteinander.
- Männer lieben ihre »Horde«, Frauen ihre »Weiberrunde«.
- Frauen lieben Romantik und Zärtlichkeit, Männer stehen eher auf Sex pur.
- Frauen denken an ihre Familie, Männer an ihre Arbeit oder andere Jagdabenteuer.
- Männer haben ein gutes räumliches Vorstellungsvermögen, Frauen erkennen blitzschnell Beziehungsgeflechte.

Seit gut zweihundert Jahren entwachsen wir diesen Mustern: Männer und Frauen beginnen, sich von diesen starren Einteilungen zu lösen. Frauen lernen Männerarbeit und Männer Frauenarbeit. Oft sind es noch männlich geprägte Frauen, die »Männerrollen«, und weiblich geprägte Männer, die »Frauenrollen« übernehmen. Aber in uns allen sind beide Seiten angelegt. Wenn wir wollen, können wir mit der männlichen Zielstrebigkeit und der weiblichen Weite ein wunderbares Netz weben. Heute und in Zukunft brauchen wir beides, mit der alten Rollenaufteilung würden wir in feudalistische oder archaische Strukturen zurückfallen. Allerdings brauchen wir Geduld und Übung, um uns die andere Seite des Lebens vertraut zu machen.

Tipps für Männer – Die verbindenden 7

1. *Hören Sie ihr gut zu.* Lassen Sie sich von dem, was sie sagt, berühren. Sie brauchen ihr nicht ständig Lösungen für ihre Probleme anzubieten. Seien Sie ein mitfühlender Zuhörer.

2. Wenn Sie mit Ihrer Frau zum »Schaufensterbummeln« gehen, heißt das nicht, dass sie alles, was sie bewundert, kaufen oder gekauft haben will. Vielleicht möchte sie mit Ihnen nur gemütlich flanieren und ein wenig über die schönen Dinge des Lebens plaudern.

3. *Viele Frauen »denken laut«.* Sie überlegen: »Dies ist noch zu tun«, »Es wäre schön, wenn wir jenes hätten«, »Das könnte man auch anders machen«. Männer neigen dazu, dies als Kritik an ihrer Kompetenz und ihren Fähigkeiten zu deuten. Achten Sie darauf, sich nicht in Stimmungen zu manövrieren, Sie hätten etwas falsch gemacht.

4. *Sagen Sie Ihrer Frau, wenn Sie Ruhe und Zeit für sich brauchen.* Pflegen Sie auch Ihre Männerfreundschaften, vor allem die, in denen Sie sich wirklich austauschen können und in denen Sie so richtig Spaß haben.

5. *Lernen Sie Ihre Gefühle kennen.* Öffnen Sie sich Ihrer Frau und den Menschen, zu denen Sie Vertrauen haben. Gefühle zu haben und auch zu zeigen, ist kein Zeichen von Schwäche. Ihre Gefühle können wunderbare Indikatoren dafür sein, wo es in Ihrem Leben langgehen soll.

6. *Behalten Sie Ihre Ziele im Auge,* beachten Sie aber auch die Beziehungen zu den Menschen, mit denen Sie zu tun haben.

7. *Lassen Sie sich auf Romantik und Zärtlichkeit ein.* So gewinnt auch Ihr Sexualleben an Intensität.

Tipps für Frauen – Die verbindenden 7

1. Sagen Sie Ihrem Mann, dass Sie ihm *von Ihrem Tag oder Ihren Erlebnissen erzählen* möchten. Machen Sie mit ihm einen Zeitpunkt aus und sagen Sie ihm, dass Sie sich wünschen, er möge einfach bei Ihnen sein und Ihnen zuhören. Machen Sie deutlich, dass Sie keine Lösungsvorschläge erwarten.

2. *Wenn Sie mit Ihrem Mann nur bummeln wollen, sagen Sie ihm das.* Wenn Sie einkaufen wollen, teilen Sie ihm mit, was Sie vorhaben. Geben Sie ihm Struktur und bitten Sie ihn vielleicht um seine Beratung. Wenn Sie das nicht wollen, gehen Sie getrennte Wege und verabreden Sie sich nach dem Einkauf.

3. *Wenn Sie »laut denken«, achten Sie darauf, dass Sie keine Probleme herbeireden.* Das tut Ihnen nicht gut, und Ihr Mann könnte das Gefühl bekommen, er müsste diese »Probleme« für Sie lösen. Wenn Sie Sorgen haben, sagen Sie das, machen Sie aber deutlich, dass dies keine Kritik an ihm ist und er nicht Ihre Sorgen abstellen muss. Wenn Sie aber Hilfe und Unterstützung haben wollen, bitten Sie ihn klar darum – Andeutungen wird er vielleicht nicht verstehen.

4. *Lassen Sie Ihrem Mann seine Ruhe.* Er wird vermutlich nicht so freudig reagieren, wenn Sie ihn bei seinen Tätigkeiten unterbrechen. Machen Sie mit ihm Zeiten

aus, wenn Sie etwas auf dem Herzen haben. Wenn Sie das Gefühl haben, dass er Kummer hat, ermuntern Sie ihn, darüber zu reden. Lassen Sie ihn jedoch, wenn er etwas allein durchdenken will.

5. *Pflegen Sie Ihre Frauenfreundschaften,* vor allem auch die, in denen Sie etwas organisieren und auf die Beine stellen können. Genießen Sie die Kraft und den Spaß, den Sie dabei haben.

6. *Pflegen Sie Ihre Kontakte und Ihre Beziehungen,* behalten Sie aber auch Ihre Ziele im Auge. Sorgen Sie dafür, dass Sie Ihre Pläne verwirklichen können.

7. *Ermuntern Sie Ihren Mann zu Romantik und Zärtlichkeit.* Probieren Sie aber ebenso die wilderen Seiten der Sexualität aus. Auch das kann Ihr Sexualleben bereichern.

GEFÜHLE UND EMOTIONEN

Wir haben im Kapitel »Gesundheit« Gefühle als ein Zusammenwirken von elektrischen Impulsen (Gedanken und Sinnesreize) und Körperchemie (vor allem Hormone) beschrieben. Für unsere bisherigen Aussagen reichte es, Gefühle und Emotionen unter dem Oberbegriff »Gefühle« zusammenzufassen. Um jetzt aber zu konkreten und praktisch anwendbaren Erkenntnissen für unser Kommunikationsverhalten zu kommen, werden wir weiter differenzieren.

Unter Gefühlen verstehen wir nun stimmige Reaktionen unseres Körpersystems auf äußere und innere Reize:

Wenn uns jemand mit einer Waffe bedroht, spüren wir Angst und wollen uns dieser Gefahr entziehen. Wenn wir uns mit jemandem wohl fühlen, möchten wir unsere Verbundenheit ausdrücken.

Emotionen sind dagegen Reaktionen, die zwar durch ein aktuelles Ereignis ausgelöst werden, ihren Ursprung jedoch in Fühlmustern haben, die in der Vergangenheit erlernt wurden. Sie führen zu weniger stimmigem Verhalten: Wir werden von jemandem angesprochen und fühlen uns bedroht. Wir werden von einem Ereignis oder einer Person angerührt und reagieren kühl.

Sie möchten Sex haben und Ihr Partner gerade nicht. Wenn Sie sich dann zurückgestoßen fühlen und sauer reagieren, ist das eine Emotion. Ihr Gefühl dagegen wäre eine kleine Enttäuschung, die schnell wieder verfliegt.

Sie arbeiten konzentriert und werden plötzlich unterbrochen. Ihre Reaktion »Immer musst du mich stören – ich komm ja zu nichts!« ist ebenfalls eine Emotion. Die Reaktion »Bitte unterbrich mich jetzt nicht – ich möchte das noch in Ruhe zu Ende führen« entspricht eher einem Gefühl.

Liebe, Mitgefühl, Angst, Wut oder Trauer entstehen im Hier und Jetzt. Wenn Sie in wichtigen Lebenssituationen diese Gefühle nicht ausgedrückt haben, bringt Ihr Unbewusstes sie bei bestimmten Auslösereizen wieder als Emotion hervor. Unausgedrückte Gefühle werden also zu Emotionen, die lästig werden, wenn man ihnen keine Möglichkeit zur Auflösung gibt.

Emotionen sind rachsüchtig und wollen verletzen. Das

kann – in der Häufung – sehr schwer für Partnerschaften werden. Emotionen haben die Macht, die Liebe zwischen zwei Menschen aufzubrauchen. Das Ego – das Recht-ha-ben-Wollen – zerstört dann die Verbindung der Herzen.

Es besteht jedoch eine große Chance zur Heilung, wenn man sich seiner Emotionen bewusst wird und verantwor-tungsvoll damit umgeht. Etwa so:

- Erkennen Sie Ihre Emotionen an. Spüren Sie, wie sie hochkommen: als Tränen, Verkrampfungen, Schweiß-ausbrüche, Herzpochen, Unruhe, Trotz, Hektik … Nehmen Sie sich Zeit und lernen Sie Ihre Emotionen kennen.
- Übernehmen Sie für Ihre Emotionen Verantwortung. Werfen Sie sie nicht Ihrem Partner vor die Füße. Es ist Ihre Geschichte, die geklärt werden will.
- Bringen Sie Ihren Körper in Bewegung und agieren Sie Ihre Emotionen in geeignetem Rahmen aus: Schreien, Wüten, Schlagen, Stampfen, Laufen … Früher war dies einfach: Es musste Holz gehackt, das Feld bearbeitet, der Garten umgegraben, der Teig geknetet und der Bo-den gescheuert werden. Heute fehlen uns einige dieser Möglichkeiten, wir können jedoch unsere Entlastung im Hausputz, in der Werkstatt, im Sport oder einer künstlerischen Betätigung finden.

Um Gefühle und Emotionen klarer unterscheiden zu kön-nen, finden Sie einige Stichworte in der Tabelle.

Emotionen	Gefühle
trennen	verbinden
sind eng	sind weit
verspannen	lockern
erschaffen Probleme	erlösen
entstehen beim Grübeln	sind in der Gegenwart
wollen diskutieren	möchten sich ausdrücken
kommen aus dem Ego	kommen aus dem Herzen
geben anderen die Schuld	erkennen an, was ist
bestehen auf Prinzipien	lassen vieles zu
kleben an einem	kommen und gehen

Wenn wir das »Gefühl« haben, dass der andere schuld an unserem »Gefühl« sei, wenn wir sagen: »Immer machst du, nie tust du …«, wenn wir unbedingt Recht haben wollen, können wir ganz sicher sein, dass wir gerade Emotionen haben. Dies gilt in ganz besonderem Maße, wenn wir stunden- oder tagelang über unsere Partner oder bestimmte Ereignisse grollen.

In gewisser Hinsicht ist es tragisch, dass wir so oft bei den Menschen, die uns am nächsten sind und die wir am meisten lieben, unseren Müll abladen. Andererseits besteht aber ebenso die große Chance, mit diesen Menschen gemeinsam zu heilen. Vielleicht ist man auch aus diesem Grunde ein Paar. Unsere Partner sind doch oft genau diejenigen, die unsere Emotionen herauskitzeln (weil sie uns an Papa oder Mama erinnern …) und uns damit die Gelegenheit zur Heilung geben.

Eine Möglichkeit ist auch, dem Partner zu sagen, dass man total geladen ist, dass man Dampf ablassen will, und zu fragen, ob er bereit ist zuzuhören. Wenn ja, kehrt bei dem emotionalen Teil schon eine kleine Beruhigung ein, weil er sich akzeptiert fühlt. Der Druck ist nicht mehr so groß, und es besteht die Chance einer konstruktiven Aussprache.

Ist der Partner nicht geneigt, sich den Groll anzuhören: nichts wie raus zum Joggen ...

Der Emotionale kann viel über sich lernen, wenn er für seinen Zustand die Verantwortung übernimmt. So können sich Paare – im richtigen Umgang mit Emotionen – gegenseitig bei der Heilung alter Wunden helfen.

Die entscheidenden 2 – Tipps für eine liebevolle Partnerschaft

1. *Drücken Sie Ihre Gefühle aus.* Zeigen Sie Ihre Liebe, Ihr Berührtsein und Ihr Mitgefühl. Zeigen Sie Ihrem Partner, was Sie mögen und was Sie nicht mögen. Teilen Sie auch mit, was Sie ängstigt, traurig macht und was Ihnen zu viel wird.

2. *Entscheiden Sie sich, Ihrem Partner nicht Ihre Emotionen vor den Kopf zu knallen.* Hören Sie immer wieder auf, sich beleidigt, missverstanden, verletzt, ungerecht behandelt oder ausgenutzt zu fühlen. Anfangs mag es einige Zeit dauern, bis Sie aus diesen Emotionen aussteigen können. Mit etwas Übung wird es Ihnen dann gelingen, oft sogar »von jetzt auf sofort« aus einer ne-

gativen Stimmung auszusteigen und die Welt und Ihren Partner wieder mit herzlichem und freudigem Blick zu betrachten.

SEX

Osho (oder Bhagwan Shree Rajneesh, der 1990 verstorbene spirituelle Lehrer, der vor allem in Poona, Indien, gelehrt hat) sagte: »Lass alle Masken fallen. Sei echt. Offenbare dein ganzes Herz; sei nackt. Zwischen zwei Liebenden darf es keine Geheimnisse geben, sonst gibt es keine Liebe. Gib alle Heimlichkeit auf« (Osho: *Yoga, The Alpha and Omega,* Vol. 10, zitiert nach Diana Richardson, siehe Literaturtipps).

Und Diana Richardson schreibt: »Die größte Einsicht von Tantra, ja ihr Fundament, ist, dass die maskuline und die feminine Energie gleiche und entgegengesetzte Kräfte sind. Sie ziehen sich an und ergänzen sich, genau wie Yin und Yang, dynamisch und rezeptiv, positiv und negativ. Das bedeutet, dass die Bioenergien des männlichen und weiblichen Körpers durch das Zusammenspiel der entgegengesetzten Polaritäten in der Vereinigung eine ekstatische sexuelle Erfahrung schaffen. Und das geschieht ganz ohne unser Zutun.«

Und das geschieht ganz ohne unser Zutun! Welch eine Freude, wenn unsere Körper sich begegnen, wenn wir aufhören zu denken und irgendetwas zu wollen, wenn wir einfach da sind, fühlen und uns begegnen.

Tantra ist weit vor unserer Zeitrechnung in Indien entstanden und wurde zur Grundlage für viele spirituelle Schulen. Tantriker hatten entdeckt, dass Sexualität und Spiritualität die beiden Seiten derselben Energie sind und dass die sexuelle Kraft des Menschen für seinen inneren Transformationsprozess genutzt werden kann. Osho sagte dazu: »Tantra ist die Transformation von Sex zu Liebe mit Hilfe von Aufmerksamkeit.«

Auch jenseits aller Spiritualität gibt Tantra Ihnen – ebenso wie auch therapeutische Sexualberatungen – ganz praktische Hinweise, die Sie für ein erfülltes Sexualleben gebrauchen können. Sie können aufhören, sich Sorgen zu machen, sich zu verstecken, sich über Ihre Lustlosigkeit, Ihr Unbefriedigtsein, Ihre Frigidität, Ihre vorzeitigen Samenergüsse oder Erektionsschwierigkeiten zu betrüben.

Ihr Körper und Ihre Geschlechtsorgane tragen in sich die Energie und die Weisheit zu einem schönen Sexualleben. Vielleicht dachten Sie bisher anders darüber, da Ihr Körper noch verspannt und gepanzert ist und dies noch nicht fühlen kann. Wenn dem so ist, machen Sie sich mit Tantra oder einer Körpertherapie auf den Weg. Es lohnt sich! Sie werden die Schönheit und Weisheit Ihres Körpers entdecken und Dinge erfahren, die Sie nicht für möglich gehalten haben.

Es wird einige Zeit dauern, bis ein gefühlloser und gepanzerter Körper wieder zum Leben erwacht. Geben Sie sich die Zeit mit Massagen, Zärtlichkeiten, angenehmen und auch beängstigenden Gefühlen und genießen Sie Ihr allmähliches Auftauen, ohne irgendwelche Erfolgserlebnisse zu forcieren.

Diana Richardson schreibt: »Es ist eine Katastrophe, dass die Pharmaindustrie eine ›Pille gegen Impotenz‹ auf den Markt gebracht hat ... Der Mann ist ja bereits chronisch gefühllos und nimmt sich selbst nicht wahr. Diese Pille macht ihn endgültig zu einer Erektionsmaschine, indem sie seine Empfindungslosigkeit sich selbst und natürlich auch der Frau gegenüber verstärkt. Selbst wenn beide dankbar dafür sind, endlich einmal wieder ein sexuelles Zusammensein zu erleben, so erlaubt die Abgestumpftheit des Penis keinerlei Erwachen ihrer ekstatischen sexuellen Energie. Liebe wird dadurch nicht kreiert.«

Vermeiden Sie derartige »Abkürzungen« (zumindest auf Dauer). Gehen Sie stattdessen den Weg einer langsamen, aber wirkungsvollen Heilung.

Tantra hat erkannt, dass der männliche und weibliche Körper eine Einheit bilden und in der Vereinigung eine spirituelle Energie erzeugen. Mann und Frau wirken wie die Pole einer Batterie. Der Mann hat seinen Pluspol am Perineum (Peniswurzel), seinen Minuspol im Brustkorb (Herz); die Frau hat ihren positiven Pol in den Brüsten (Herz), ihren negativen in der Vagina, kurz vor der Gebärmutter. Wenn Mann und Frau entspannt sind, funktionieren die Geschlechtsorgane in ihrer Verbindung von ganz allein.

Die Pole bilden einen Kreislauf und erzeugen sexuelle/spirituelle Energie. Sexuelle Schwierigkeiten entstehen, wenn wir diesen natürlichen Kreislauf stören und nicht auf die zarten Signale unseres Körpers achten oder nicht mit dem Herzen dabei sind.

Wenn wir langsam und aufmerksam Liebe machen, können unsere Körper und Sexualorgane heilen. Der Penis heilt dann die Vagina und die Vagina den Penis. Wilder Sex kann natürlich auch Spaß machen, heilsam sind aber vor allem die sanften und innigen Vereinigungen. Tantra hat nicht den Orgasmus zum Ziel, sondern eine Verbindung mit einer lang andauernden Energie unterhalb des Höhepunktes. So wird auch nicht eine »stahlharte« Erektion angestrebt. Paare werden ermuntert, die unterschiedlichen Empfindungen von erregtem und erschlafftem Penis in der Vagina zu spüren. Die Erhöhung der Aufmerksamkeit und die Sensibilisierung der Geschlechtsorgane und des ganzen Körpers sind wichtige Ziele.

Die lustvollen 9 – Tipps für eine befriedigende Sexualität

1. *Pflegen und sorgen Sie gut für Ihren Körper.* Lernen Sie seine Vorzüge und seine Grenzen kennen. Seien Sie aufmerksam für das, was Ihnen behagt, und das, was Sie nicht mögen. Erweitern Sie aber auch behutsam Ihre Grenzen und probieren Sie Neues aus. Wenn Sie noch kein gutes Körpergefühl in Ihrem Becken und Ihren Geschlechtsorganen haben, können Sie sich mit Körpertherapie, Massage, Bauchtanz oder afrikanischem Tanz fördern.

2. *Seien Sie in der Sexualität mit dem Herzen dabei.* Achten Sie sich und Ihren Partner. Seien Sie liebevoll und offen und teilen mit Ihrem Partner Ihre Gefühle, Ihre

Freuden und auch Ihre Ängste. Jedes Mal wenn Unsicherheiten auftauchen, sagen Sie es Ihrem Partner. Fühlen Sie, aber halten Sie diese Gefühle nicht mit Ihren Gedanken fest.

3. *Nehmen Sie sich Zeit und Raum für Ihre Partnerschaft.* Verabreden Sie sich miteinander. Ihre sexuellen Begegnungen sind wichtiger als Fernsehen, Kinobesuche und diverse »gesellschaftliche Verpflichtungen«. Übertreiben Sie nicht die Sorge für Ihre Kinder und vernachlässigen Sie nicht mit diesem oder anderen Vorwänden Ihre Partnerschaft.

4. *Machen Sie viel Liebe miteinander.* Machen Sie es mit Spaß und Humor. Wenn Sie viel Liebe machen, muss es ja nicht jedes Mal perfekt sein. Sie können auch Sex haben, wenn Sie nicht so große Lust verspüren, wenn Sie keine Erektion haben, wenn Sie nicht feucht sind. Spielen Sie miteinander, kuscheln Sie, massieren Sie sich, albern Sie herum. Vergessen Sie Orgasmen und andere großartige Ereignisse. Schauen Sie sich in die Augen, atmen Sie tief, berühren Sie Ihre Haut und Ihre Herzen.

5. *Probieren Sie Verschiedenes beim Sex aus,* nehmen Sie es aber nicht zu ernst. Guter Sex hat ziemlich wenig mit Techniken zu tun. Erinnern Sie sich aber an den weiblichen Pluspol, die Brüste, die eine angemessene Stimulierung mögen. Probieren Sie als Mann auch immer mal wieder aus, die Pomuskeln zu entspannen. Das mag erst etwas ungewohnt sein, verbessert aber auf Dauer die Empfindungsfähigkeit der Genitalien. Als Frau werden Sie empfindsamer, wenn Sie den Beckenboden entspannen.

6. *Suchen Sie als Paar Ihren eigenen Weg.* Ihre eigenen Erfahrungen, Wünsche und Sehnsüchte zählen, nicht die Tipps aus irgendwelchen Ratgebern. Lassen Sie sich inspirieren, aber machen Sie das, was Ihnen gut tut.

7. *Lassen Sie Ihre Probleme vor Ihrer Schlafzimmertür zurück.* Lösen Sie die praktischen Aufgaben Ihres Lebens an einem anderen Ort. Schaffen Sie sich in Ihrem Schlafzimmer und in Ihren Liebesecken eine schöne sinnliche Atmosphäre und halten Sie diese frei von Alltagsstreit und Alltagssorgen.

8. *Seien Sie offen zu Ihrem Partner* und beziehen Sie ihn in Ihre Sehnsüchte ein. Suchen Sie gemeinsame Lösungen, die jedem Entwicklungsmöglichkeiten lassen, ohne den anderen unnötig zu verletzen. Partnerschaften sind auch möglich, wenn einer wenig Sex möchte und der, der viel Sex mag, noch eine/einen Geliebte/n hat. Sie sitzen dann allerdings alle in einem Boot: Gehen Sie liebevoll und behutsam miteinander um.

9. Auch wenn Sie nicht in einer festen Partnerschaft sind, *suchen Sie Verbindungen, die von Herz zu Herz gehen.* Tragen Sie für sich und Ihren Partner Verantwortung. Denken Sie auch an den Gebrauch von Verhütungsmitteln und den Schutz vor Krankheiten.

Übungen

Beckenbodentraining

Am Beckenboden breitet sich in Schmetterlingsform der Pubo-
coggygealmuskel (kurz PC-Muskel) aus. Er verbindet Anus und
Genitalien mit Gesäßknochen und Beinen und kontrolliert das
Öffnen und Schließen von Harnröhre, Samenkanal, Vagina und
Anus.

Das Training dieses Muskels fördert bei Männern und Frauen
das Lustempfinden. Bei Männern wird die Blutzufuhr zum Penis
stimuliert und die Fähigkeit, eine Erektion zu halten, gefördert.
Bei Frauen wird die Fähigkeit verbessert, mit der Vagina den Penis zu umschließen.

Sie können diese Übung stehend, im Sitzen oder auf dem Rücken liegend machen.

Ziehen Sie den PC-Muskel kurz zusammen und lassen ihn dann wieder los. Atmen Sie ein, wenn Sie den Muskel anspannen, und lassen Sie los, wenn Sie ausatmen. Machen Sie das einige Male. Sie können auch einzelnen Muskelsträngen besondere Aufmerksamkeit widmen, denen, die den Anus und denen, die die Harnröhre öffnen und schließen, sowie denen, die dazwischen in der Vagina bzw. an der Peniswurzel sitzen. Sie können diese Übung auch immer wieder im Alltag machen und damit so ganz nebenbei Ihre sexuelle Kraft stärken.

Literaturtipps

Anand, Margot: *Tantra oder die Kunst der sexuellen Ekstase*. München 1986

Birkenbihl, Vera F.: *Kommunikationstraining. Zwischenmenschliche Beziehungen erfolgreich gestalten*. München 2000

Gray, John: *Mars, Venus und Eros. Männer lieben anders. Frauen auch*. München 1999

Moeller, Michael Lukas: *Die Wahrheit beginnt zu zweit. Das Paar im Gespräch*. Reinbek 1992

Pease, Allan und Barbara: *Warum Männer nicht zuhören und Frauen schlecht einparken*. München 2001

Richardson, Diana (Puja): *Zeit für Liebe. Sex, Intimität und Ekstase in Beziehungen*. Köln 2001

Schulz von Thun, Friedemann: *Miteinander reden. Störungen und Klärungen*. Reinbek 1981

Smothermon, Ron: *Das Mann/Frau Buch. Die Transformation der Liebe.* Bielefeld 1998

Shaw, Leonard: *Lieben und Vergeben.* Riethenberghausverlag 1996

Websites

Partnerschaftsberatung: www.profamilia.de

Informationen zur Sexualität: www.netdoktor.de

Tantraseminare für Paare: www.love4couples.com (Puja und Raja)

Kinder und Kreativität

Dieses Kapitel beschäftigt sich mit dem, was wir erzeugen und erschaffen, seien es unsere leiblichen Kinder, Kinder, für die wir sorgen, oder anderes, was wir der Welt schenken und was wachsen und gedeihen will.

KINDER

Khalil Gibran schrieb in seinem Buch *Der Prophet* (siehe Literaturverzeichnis): »Eure Kinder sind nicht eure Kinder. Sie sind die Söhne und Töchter der Sehnsucht des Lebens nach sich selber. Sie kommen durch euch, aber nicht von euch. Und obwohl sie mit euch sind, gehören sie euch doch nicht. Ihr dürft ihnen eure Liebe geben, aber nicht eure Gedanken. Denn sie haben ihre eigenen Gedanken. Ihr dürft ihren Körpern ein Haus geben, aber nicht ihren Seelen. Denn ihre Seelen wohnen im Haus von morgen, das ihr nicht besuchen könnt, nicht einmal in euren Träumen.

Ihr dürft euch bemühen, wie sie zu sein, aber versucht nicht, sie euch ähnlich zu machen. Denn das Leben läuft nicht rückwärts, noch verweilt es im Gestern. Ihr seid die Bogen, von denen eure Kinder als lebende Pfeile ausgeschickt werden. Der Schütze sieht das Ziel auf dem Pfad der Unendlichkeit, und Er spannt euch mit Seiner Macht, damit Seine Pfeile schnell und weit fliegen. Lasst euren Bogen von der Hand des Schützen auf Freude gerichtet

sein. Denn so wie Er den Pfeil liebt, der fliegt, so liebt Er auch den Bogen, der fest ist.«

Alle Eltern wollen ihren Kindern ihre Liebe geben. Sie möchten, dass es ihnen gut geht, dass sie eine glückliche Kindheit haben und bestens auf das Leben vorbereitet sind. Es ist jedoch nicht die Aufgabe der Kinder, die Erwachsenen glücklich zu machen, und so ist das Elternsein eine große Herausforderung, die ihr Leben erfüllen oder belasten kann.

Viele Eltern überlasten sich im Versuch, möglichst alles »richtig« zu machen, und in der Angst, dass ein falscher Schritt anhaltende Schäden bei den Kindern bewirkt. Das kann schnell zu einer verspannten und unsicheren Art führen, mit den Kindern umzugehen.

Sollten Sie sich in dieser Lage befinden, so tut es sehr gut, wenn Sie sich selbst dafür wertschätzen, dass Sie Leben geschenkt haben und Liebe geben. Bedenken Sie: Ein Mensch, der klar aus sich heraus handelt und in Liebe zu seinen Kindern ist, macht nichts »falsch«, auch wenn es vielleicht etliche schwierige Situationen zu erleben gibt.

Der Wunsch nach Kindern kann sehr irrational sein, und hier ist eine ehrliche Selbstprüfung angebracht. Wenn Sie sich nicht ganz sicher sind, ob Sie wirklich bereit oder in der Lage sind, einem Kind – besonders in den ersten Jahren – Ihre ganze Aufmerksamkeit und Zuwendung zu geben, sollten Sie noch einmal in sich gehen, warum Sie Mutter oder Vater werden wollen, ob Ihre Partnerschaft diese »süße Belastung« vertragen kann und ob Sie gegebenenfalls auch ein allein erziehender Elternteil sein könnten.

Diese Selbstprüfung hat natürliche Grenzen. Es mag passieren, dass Sie einen großen Drang nach eigenen Kindern und zugleich große Angst davor spüren (beispielsweise wegen möglicher eingeschränkter Freiheiten, oder weil Sie sich noch nicht »reif« fühlen). Manchen mögen die Kinderwünsche völlig eindeutig erscheinen, anderen sind sie fremd. Und viele werden vom Elternsein scheinbar »überrascht« und entwickeln ungeahnte Fähigkeiten. Machen Sie es sich also nicht zu schwer mit dem Planen, sondern fühlen Sie und stehen Sie zu Ihren Wünschen, aber gehen Sie mit dem Fluss des Lebens.

Kinder bringen einem die eigene Kindheit in Erinnerung, die schönen und auch die traurigen oder gar traumatischen Ereignisse. Wenn besonders Letzteres auf Sie zutrifft, werden Sie im Zusammenleben mit Ihren Kindern oft auf eine Art reagieren, die nichts mit Ihrem Kind, sondern mit Ihrer eigenen Geschichte zu tun hat. Entweder machen Sie das Gleiche wie Ihre Eltern oder gehen ins andere Extrem. Wenn Sie beispielsweise sehr streng, vielleicht sogar mit viel Schlägen groß geworden sind und nun alles anders machen wollen, besteht die Gefahr, dass Sie Ihrem Kind zu wenig Grenzen setzen. Dieser angebliche Liebesdienst kann sich jedoch so auswirken, dass Ihr Kind – das wie jedes Kind gesunde Grenzen braucht – verhaltensauffällig wird, um Sie (unbewusst) zu einem Einhalt zu bewegen.

Kindererziehung

Alle Eltern sind verschieden, kein Kind gleicht dem anderen, und jede Familie muss ihren eigenen Weg finden. Die folgenden Regeln sind jedoch für alle beachtenswert.

Die goldenen 4 – Grundregeln zur Kindererziehung

1. *Urvertrauen:* Sie haben alles, was Sie brauchen: Liebe, einen gesunden Menschenverstand und ein Gefühl (Intuition) dafür, ob etwas stimmig ist oder nicht. Vertrauen Sie darauf, dass Ihr Kind gerade Sie braucht, auch mit Ihren Schwächen (und vielleicht sogar wegen Ihrer Schwächen).

   Wenn Sie sich Kinder wünschen, unterhalten Sie sich mit erfahrenen liebevollen Eltern (eventuell sogar mit Ihren eigenen) und lassen Sie sich beraten.

2. *Lieben und Liebe zeigen:* Sowohl im Feng Shui als auch in der westlichen Astrologie werden Kinder und Kreativität zusammen betrachtet. Kinder großzuziehen ist also ein kreativer Akt, wobei »Künstler« und »Kunstwerk« immer einmalig sind. Freuen Sie sich an diesem Prozess miteinander und zeigen Sie Ihren Kindern, wie sehr Sie sie lieben. Wenn Sie mehr Ärger und Anspannung als Freude mit Ihren Kindern erleben, machen Sie etwas falsch. Verurteilen Sie sich nicht dafür, sondern machen Sie sich auf die Suche nach der Fehlerquelle. Ist Ihre Partnerschaft beglückend? Laugt Ihre Arbeit Sie aus? Leiden Sie unter Arbeitslosigkeit? Was

genau stört Sie an Ihrem Kind und an was erinnert Sie das?

Scheuen Sie sich nicht, sich Hilfe zu holen und sich jemandem anzuvertrauen. Die Kindheit Ihres Kindes ist zu einmalig, um sich Peinlichkeit oder Stolz leisten zu können.

3. *Gesunde Grenzen setzen:* Seine Kinder zu lieben heißt auch, liebevolle Konsequenz auszuüben. Wenn Ihr kleines Mädchen auf dem Spielplatz nicht genug bekommen kann und nicht zu bewegen ist, mit nach Hause zu kommen, sollten Sie den Wunsch anerkennen und gleichzeitig Ihre eigenen Bedürfnisse äußern: »Du kannst dich ja gar nicht trennen heute. Ich möchte jetzt aber nach Hause gehen, weil es sonst zu spät zum Essenkochen wird.« Das wird das Kind hören, es aber wahrscheinlich nicht sonderlich beeindrucken. Dann gehen Sie in die Verhandlungen: Was würde es am liebsten noch tun und wie oft lässt Ihr Bedürfnis das noch zu? Wenn das klar vereinbart ist, lassen Sie das Kind noch entsprechend oft rutschen oder schaukeln und bleiben dann liebevoll und fest.

Günstig ist es, die eigenen Ankündigungen so früh zu machen, dass Sie und Ihr Kind – im wahrsten Sinne des Wortes – noch genügend Spielraum haben und Sie nicht unter Zeitdruck und mit Ungeduld verhandeln müssen.

Sie können Ihrem Kind auch eine Alternative zu Hause anbieten, im Allgemeinen schwenken Kinder leicht um und sind schnell für Neues zu begeistern. Kinder, die sich geliebt und ernst genommen fühlen, brauchen meistens keine langen Machtkämpfe, um sich durchsetzen zu wollen.

Kinder brauchen Disziplin, aber immer in Verbindung mit Liebe. Vermeiden Sie unbedingt, Drohungen auszusprechen (die so genannten »Wenn-dann-Sätze«) und machen Sie keine Schuldzuweisungen. Sprechen Sie lieber aus, was *Sie* fühlen: »Jetzt werde *ich* langsam sauer/ungeduldig« statt »*Du* machst mich sauer!« (Dass Sie ungeduldig sind, ist eine Tatsache und Ihre Reaktion – Ihr Kind ist nur der Auslöser.)

Das Gleiche gilt natürlich auch für größere Kinder und Jugendliche. Ihr Kind zu lieben und zu akzeptieren, dass es etwas möchte, ist immer die Grundhaltung. Doch nehmen Sie sich selbst auch wichtig und gehen ohne Rechthaberei und Androhungen in die Verhandlungen. Das ist die Kunst des Erziehens, und das Kunstwerk wird ein Mensch werden, der sich und andere ernst nimmt.

Wenn es Ihrem Gefühl und nicht Ihrer Resignation entspricht, können Sie natürlich auch mal nachgeben. Besonders kleine Kinder leben im Hier und Jetzt (und lernen erst von uns Erwachsenen das Bedauern über die Vergangenheit und die Sorgen um die Zukunft). Außerdem tut es Ihnen und dem Kind gut, wenn Sie sich *jetzt* noch einmal fragen, ob Sie sich nicht doch anders entscheiden können. Ihr Kind wird sich auch dies von Ihnen abgucken, und Sie werden beide davon profitieren.

Früher sagte man: »Kleine Kinder – kleine Sorgen. Große Kinder – große Sorgen.« Da wir unser Augenmerk nicht mehr aufs Sorgenmachen richten, sondern dies eher reduzieren, am besten ganz verlernen wollen, sprechen wir lieber von Kraftproben. Kinder brauchen diese, auch wenn es für die Erwachsenen oft unbequem ist. Sie müssen das von uns Gelernte ausprobieren bzw. mit zunehmendem Alter dagegen rebellieren. Besonders die Pubertät zeichnet sich dadurch aus, dass alle anerzogenen Verhaltensweisen und vorgegebenen Wertmaßstäbe meistens erst einmal prinzipiell und vehement in Frage gestellt, oft auch abgelehnt werden.

Wenn Sie erkennen, dass dieses Aufbegehren ein wichtiger Schritt der Jugendlichen ist, um dann in ihre eigenen Regeln hineinzuwachsen, haben Sie den ersten oben schon erwähnten Schritt des Akzeptierens bereits getan. Sie verstehen, dass Ihr Vierzehnjähriger sich nicht mehr vorschreiben lassen will, wann er nach Hause kommen soll (und wenn Sie sich an Ihre eigene Jugend erinnern, verstehen Sie es wirklich). Und Sie setzen Ihre Grenzen, die eine gesunde Mischung aus der Gesetzgebung, der sonstigen Disziplin Ihres Kindes im Familienleben und der Schule, Ihren Befürchtungen und – am wichtigsten – Ihres Herzens sein sollten.

Sprechen Sie auch Ihre Ängste aus, anstatt Statements abzugeben: »Ich habe Angst, dass du anfängst, Drogen zu nehmen« statt »Bei deiner Clique lernst du sowieso nichts Gutes«.

4. *Die natürliche Hierarchie einhalten:* Sie sind »die/der Große«, Ihr Kind »die/der Kleine«. Das ist eine Tatsache und wird sich in Ihrem Leben nie ändern. Durch Sie und

Ihren Partner ist es dem Kind möglich geworden, auf die Welt zu kommen. Allein dafür liebt Ihr Kind Sie bedingungslos und vertraut Ihnen. Darüber hinaus können Sie auch die Achtung Ihres Kindes erwerben durch die Art, wie Sie mit sich selbst und Ihren Mitmenschen umgehen.

Die universelle Hierarchie hat nichts mit autoritärem Verhalten den Kindern gegenüber zu tun, obwohl dies noch bis in die fünfziger Jahre unangefochten so war und sich auch danach erst langsam veränderte.

In den so genannten antiautoritären Zeiten, die auch eine Reaktion auf die unnatürliche autoritäre Erziehung zum blinden Gehorsam waren, wurde eine Freundschaft, eine gleichberechtigte Partnerschaft, mit den Kindern angestrebt. Man vertraute auf die Selbstregulierungskräfte der Kinder. Diese Haltung hatte immer spätestens dann ein Ende, wenn die Kinder sich in gefährliche Situationen brachten. Dann griffen die Erwachsenen eben doch zum Schutz der Kinder ein.

Dieses interessante Experiment hat sicher nicht nur totale Egoisten oder lebensuntüchtige Menschen hervorgebracht, doch vielleicht sind langjährige Drogenkonsumenten, die heute zwischen dreißig und vierzig Jahre alt sind, auch ein Ergebnis dieser Zeit. Sie gehen immer wieder über ihre und gesellschaftliche Grenzen hinaus, weil sie eine natürliche Disziplin von einem Älteren (daher unser Wort »Eltern«) kaum erlebt haben.

Es ist gut, mit seinen Kindern offen zu sein und dennoch seine Privatsphäre als Paar zu bewahren. Dies gilt besonders für Konflikte zwischen den Eltern über deren Beziehung, deren Sexualität und deren Umgang mit Geld. Das heißt nicht, die Fragen der Kinder abzublocken, sondern sie so zu beantworten, dass Sie sich nicht respektlos über den anderen Erwachsenen äußern. Ihre Antwort sollte das Kind auch nicht überfordern. Je nachdem, wie alt es ist, reicht es eigentlich, Ihren Gefühlszustand zu äußern: »Ich bin wütend, traurig«, ohne jemandem daran die Schuld zu geben. Das Schuldprinzip fordert das Kind heraus, Partei zu ergreifen, was nicht seine Aufgabe ist und was zu Loyalitätskonflikten dem »schuldigen« Elternteil gegenüber führt. Abgesehen davon, dass niemand schuld daran ist, wenn Sie wütend sind.

Auch ein liebevolles und klares »Darüber möchte ich gerade nicht sprechen« können Kinder aus eigener Erfahrung gut nachvollziehen. Zu gegebener Zeit oder falls das Kind noch einmal nachhakt, können Sie gelassener einfache Tatsachen erklären, zum Beispiel: »Mama und ich haben uns gestritten, weil wir verschiedene Ansichten über das Geldausgeben haben. Ich habe Angst, dass wir nicht mit unserem Geld auskommen.«

Unbedingt zu vermeiden sind Verbündungstaktiken eines Elternteils mit dem Kind. Diese stellen gröbste Grenzüberschreitungen dar, weil ein Kind immer beide Elternteile liebt und sich seelisch zerrissen fühlt, wenn es auf eine Seite gezogen werden soll. Mütter, die beispielsweise ihren Kindern sagen: »Aber nicht dem Papa erzählen!«, handeln respekt- und damit lieblos ihren Partnern gegenüber. Außerdem fördern sie Schuldgefühle in den Kindern und konditionieren sie, sich ähnlich – auch in deren späteren Partnerschaften – zu verhalten.

Zeigen Sie Ihrem Kind, dass Sie es lieben, seine eigene Art respektieren, sich verbunden mit ihm fühlen, aber verwechseln Sie das nicht mit Freundschaft oder Kumpanei.

Themen für Eltern und Kinder

Nach diesen Grundregeln wenden wir uns nun – in alphabetischer Reihenfolge – einigen wichtigen Themen zu, die viele Eltern und Kinder immer wieder beschäftigen.

Aggressives Verhalten

Finden Sie heraus, was Ihr Kind mit aggressivem Verhalten unbewusst sagen will. Welchen Erfolg hat es mit seinem Verhalten? Richten sich die Attacken gegen Erwachsene oder unterlegene Kinder? Oder schlägt es allgemein um sich? Womit ist Ihr Kind überfordert, wovor hat es Angst? Wie trage ich als Vater oder Mutter dazu bei?

Obwohl es schwer ist, ein aggressives Kind zu haben, seien Sie auch dankbar, weil es so offen zeigt, dass etwas nicht stimmt. Wenn Sie durch die Beantwortung der Fragen herausgefunden haben, wo die Ursache liegt, finden Sie mit Ihrem Kind zusammen eine Lösung. Auch wenn manche Geschehnisse Auslöser für aggressives Verhalten sind, zum Beispiel eine Scheidung, ein Wohnort- oder Schulwechsel, kann der Umgang damit so gehandhabt werden, dass Ihr Kind diese Belastung zu meistern vermag. Ein so genanntes Scheidungskind braucht Mitgefühl und die Möglichkeit, seine Trauer zu zeigen, aber es braucht kein klebriges Mitleid (»Das arme Kind!«). Das Leiden der Kinder wird oft durch das Verhalten der sich Trennenden (oder von »gut meinenden« Verwandten und Bekannten) verstärkt. Wenn ein Kind mit der Zeit merkt, dass es weiterhin von beiden Eltern geliebt wird und dass es auch Vorteile gibt (der Streit der Eltern hört auf, es gibt vielleicht mehr Reisen und Ausflüge), muss es nicht mehr gegen die Trennung kämpfen.

Das Wichtigste jedoch ist, dass ein Kind traurig sein darf, denn unterdrückte Trauer äußert sich in Wut. Reden Sie in Ruhe mit Ihrem Kind, sprechen Sie nicht schlecht über den Partner, hören Sie auf Untertöne, seien Sie offen für Kritik, geben Sie eigenes falsches Verhalten zu, sprechen Sie über die Gefühle, die das Verhalten des Kindes bei Ihnen auslöst, und über Ihre Sicht der Dinge.

Denken Sie bei aggressivem Verhalten an den Einfluss, den Fernsehkonsum, die unmittelbare Umgebung und die Freunde des Kindes haben können. Lassen Sie Ihr Kind auch untersuchen, manchmal ist aggressives und unruhiges Verhalten eine Folge falscher Ernährung.

Bachblüten und homöopathische Mittel können Ihrem Kind helfen, sich innerlich stärker zu fühlen.

Wenn Sie mit Ihrem aggressiven Kind überfordert sind, scheuen Sie sich nicht, sich professionelle Hilfe zu holen, bevor die Atmosphäre zu Hause vollkommen verspannt und vergiftet ist. Lehrer, Bezirksämter oder Empfehlungen anderer Eltern unterstützen Sie bei der Suche nach geeigneten Helfern.

Angst

Hat Ihr Kind konkrete oder diffuse Ängste? Konkreten Ängsten wie zum Beispiel Angst vor einem Schulwechsel kann man auch ganz konkret begegnen. Was genau ist die Angst: dass der bisherige vertraute Klassenverband verlassen werden muss? Wird mich die neue Klasse mögen? Wie wird es mit einem Lehrer statt einer Lehrerin sein? Fürchte ich den neuen Schulweg? Nehmen Sie die Angst Ihres Kindes wichtig, aber verhätscheln Sie es nicht. Tun Sie sie nicht ab (»Komm schon, sei kein Feigling, das ist doch gar nicht so schwer«), sondern hören Sie gut zu und fragen Sie Ihr Kind, was ihm helfen würde, was es von Ihnen braucht. Es kann sein, dass Sie die Antwort erstaunen wird: Kinder sind sehr fantasievoll im Suchen von Lösungen, wenn man ihnen die Zeit und die Gelegenheit gibt.

Manche Ängste können wir unseren Kindern nicht nehmen, wir können sie liebevoll ermuntern, ihnen den Rücken stärken, von eigenen Erfahrungen sprechen, aber den entscheidenden Schritt ins Neue müssen sie selbst wagen.

So manche Angst in den Augen unseres Kindes spiegelt unsere eigene Angst wider. Es tut gut, dies zu erkennen und sich zu trauen, diese Angst – in einer ruhigen Atmosphäre – anzusprechen und zuzugeben. Auch das nimmt Kindern häufig die »Angst, Angst zu haben«.

Auch hier können Bachblüten unterstützend wirken.

Disziplin

Disziplinieren Sie Ihre Kinder nicht, um selbst ein ruhiges Leben zu haben, sondern damit Ihr gemeinsamer Alltag reibungsloser verläuft und die Kinder lernen, ihr Leben zu strukturieren. Von Kindern Disziplin zu erwarten, heißt zum einen, dass Sie ihnen auch hierin Vorbild sind, und zum anderen, dass Sie bereit sind, konsequent zu sein. Wenn Sie Drohungen aussprechen, zeigt dies, dass Sie eigentlich Angst haben, sich anders nicht durchsetzen zu können.

Bei kleinen Kindern helfen Rituale, um sie an bestimmte Abläufe zu gewöhnen, zum Beispiel nach einem ungestörten gemeinsamen Einkauf das Lieblingsspiel Ihres Kindes zu spielen oder auf den Spielplatz zu gehen. Vereinbaren Sie dies vorher in liebevoller Klarheit – auch ob das Kind im Supermarkt einen Wunsch frei hat – und halten Sie Ihren Teil unbedingt ein. Das heißt auch, dass Sie konsequent sein müssen, wenn sich das Kind nicht an die Vereinbarung hält. Bei sehr willensstarken Kindern muss das vielleicht mehrmals geübt werden, aber je klarer (nicht zorniger!) Sie sind und bleiben, umso schneller wird sich das Kind daran gewöhnen. Loben Sie jeden noch so kleinen Erfolg und zeigen Sie Ihre Freude darüber.

Das Prinzip gemeinsamer Vereinbarungen und deren Einhaltung gilt für jedes Lebensalter. Bei Schulkindern und Jugendlichen kann es natürlich immer wieder vorkommen, dass äußere Umstände angeblich schuld sind, wenn die Vorhaben nicht ausgeführt werden konnten. Seien Sie nicht dogmatisch, hören Sie gut zu und lehren Sie Ihr Kind, dass es nicht voreilig Versprechen abgeben darf, wenn es sich dabei auf andere verlassen muss (»Ich kann die versäumten Aufgaben nicht nachholen, weil Monika mir ihr Heft nicht geliehen hat«). Fragen Sie Ihr Kind, wie es solche Situationen am besten vermeiden kann und suchen Sie dann nach einer gemeinsamen Lösung.

Falls Sie den Eindruck haben, dass Ihr Kind das Versäumte gar nicht nachholen will und Ausreden sucht, sollten Sie dieses auf jeden Fall ausdrücken (nicht behaupten) und dann entscheiden, was zu tun ist. Falls dem Kind die betreffende Aufgabe schwer fällt, könnten Sie Hilfe anbieten. Ist es einfach zu faul, sollten Sie – wieder ohne zu drohen – mögliche Konsequenzen in der Schule aufzeigen und Ihre Befürchtungen aussprechen. Manche Schulkinder drücken, besonders in der Pubertät, mit Unzuverlässigkeit oder Faulheit auch ihre Rebellion aus und müssen dann selbst die Konsequenzen tragen und die Erfahrung machen, in der Schule abzusacken.

Drogen

Um das Thema Drogen kommt keine Familie herum. Immer jünger sind die Kinder, wenn sie zu ihrer ersten Zigarette greifen, ihren ersten Joint rauchen, ihre ersten Erfahrungen mit Alkohol machen. Aufputschmittel und Halluzinogene wie Ecstasy und LSD sind auf Schulhöfen und in Discos zu bekommen.

Sobald Sie merken, dass Ihr Kind schon mal etwas über

Drogen gehört oder gesehen hat, sollten Sie mit ihm darüber reden. Beschränken Sie sich möglichst nur auf das Informieren, denn Drohungen und Verbote könnten einen zusätzlichen Reiz darstellen, diese Grenzen zu überschreiten. Einem gut informierten Kind können Ältere nicht so schnell etwas weismachen. Dieses Wissen greifen auch fortschrittliche Schulen auf und informieren die Schüler angemessen über Drogen und offensichtliche Konsequenzen. Damit helfen sie den Kindern, den »mystischen Reiz« der Drogen einzuschränken. Ermuntern Sie gegebenenfalls die Lehrer Ihrer Kinder, eine umfassende Information über Drogen in den Unterricht aufzunehmen.

Wenn Ihr Kind in das Probieralter kommt oder Sie ahnen, dass es seine ersten Erfahrungen schon hinter sich hat, versuchen Sie, gelassen und ohne Panik zu reagieren. Fragen Sie nach den Hintergründen, seinen Eindrücken, den Folgen. Fragen Sie behutsam, denn die heranwachsenden Kinder wollen und müssen ihre eigene Welt aufbauen und fühlen sich schnell bedrängt. Erinnern Sie sich an Ihre Kindheit: Haben Sie sich an die Verbote Ihrer Eltern gehalten, haben Sie immer alles erzählt? Wenn Sie sich Sorgen machen, sagen Sie Ihrem Kind das, sprechen Sie über Ihre Ängste.

Wenn Sie das Gefühl haben, dass Ihr Kind ein wenig dies oder das an weichen Drogen und Alkohol ausprobiert und das keine Folgen auf sein Verhalten und die schulischen Leistungen hat, sollten Sie diese Phase akzeptieren. Voraussetzung ist natürlich, dass Ihr Kind bestens über die Drogen informiert ist, mit denen es nicht mal eben so seine

Neugier befriedigen kann, weil sie schnell und stark süchtig machen (Heroin, Crack). Auch manche Medikamente (Aufputsch-, Beruhigungsmittel, Schlankmacher) können zu physischer oder psychischer Abhängigkeit führen.

Regen Sie Ihre Kinder an, ein fröhliches, kreatives und erlebnisreiches Leben zu führen – das bietet einen guten Schutz vor der Flucht in eine Scheinwelt. Tragen Sie Ihren Teil dazu bei, dass aus Suche keine Sucht wird.

Ernährung

Einem Auto, das nach Herstelleranweisung Super-Benzin braucht, würden wir nie minderen Treibstoff geben, weil wir wissen, dass der Motor Schaden nehmen wird. Mit unserem Körper gehen wir meistens nicht so sorgsam um. Doch wir – und besonders Kinder, die wachsen und sich entwickeln – brauchen »Super-Ernährung«.

Solange Ihr Kind fröhlich und ausgeglichen ist, Freude beim Spielen hat, sich gern bewegt, regelmäßig isst, gut schläft und nicht auffallend oft krank ist, scheint es alle Nährstoffe zu bekommen, die es braucht.

Die meisten Kinder naschen gern. Einem starken Süßigkeitsdrang können Sie jedoch entgegenwirken, indem Sie Gerichte auf den Tisch bringen, die natürliche Süße enthalten: Kartoffeln, Karotten, Blumenkohl, Paprika, Fenchel, alle Getreidesorten, Fisch, in Maßen Fleisch und Milch, Eigelb, Bananen, Birnen.

Trockenfrüchte, mit Nüssen gemischt, bieten eine gute Alternative zum Naschwerk mit Farbstoffen und Industriezucker, der den Kindern Vitamine und Mineralien – und damit Energie – raubt, auch wenn uns die Werbung etwas anderes einreden möchte.

Raffinierter Zucker gibt nur einen kurzfristigen Kick, danach sinkt die Leistungskurve rapide und der Körper verlangt aufs Neue nach Süßem. So entsteht ein ungesunder Kreislauf, die Leidtragenden sind nervöse, zappelige und unkonzentrierte Kinder.

Außer gesunden süßen Alternativen brauchen alle Kinder zum seelischen, geistigen und körperlichen Gedeihen die uneingeschränkte »Süße des Lebens«: unsere Liebe, Zuwendung und Anerkennung.

Manche Kinder gehen durch sehr einseitige Ernährungsphasen. Beobachten Sie diese liebevoll (Sie möchten auch nicht zum Essen gezwungen werden) und sorgen Sie dafür, dass die Qualität dessen, was Ihr Kind zu sich nehmen möchte, so »super« wie möglich ist.

Bei lang anhaltenden Störungen – Ess- oder Magersucht – braucht Ihr Kind auch eine einfühlsame psychologische Betreuung, die die eigentliche Botschaft hinter dem Essverhalten gemeinsam mit Ihnen und dem Kind herausfinden kann. Holen Sie sich Rat bei anderen betroffenen Eltern, lassen Sie sich Therapeuten und Selbsthilfegruppen empfehlen.

Fernsehen

Ihr eigenes Fernsehverhalten wird Ihre Kinder beeinflussen. Lassen Sie den Fernseher nicht einfach im Hintergrund laufen, suchen Sie bewusst aus, was Sie und Ihre Familie sich ansehen wollen, und schalten Sie nach der Sendung wieder aus. Besonders die kleinen und jüngeren Kinder leben stark in einer Gefühls- und Bilderwelt und können die schnellen und zum Teil fragwürdigen Informationen noch nicht geistig und seelisch verarbeiten.

Wenn Ihr Kind einfach nur fernsehen will, finden Sie heraus, was dahinter steckt: Langeweile, schwierige Hausaufgaben, fehlende Freunde zum Spielen oder anderer Kummer. Je jünger die Kinder sind, umso mehr sollten Sie beim Fernsehen dabei sein, auch um Fragen verstehen und beantworten zu können. Gegebenenfalls können Sie dann auch eingreifen, falls eine Sendung für Ihren Geschmack zu viel Gewalt enthält (die Wut Ihres Kindes über das Ausschalten ist wahrscheinlich gesünder als das Anschauen der Sendung).

Ältere Kinder können Sie selbst entscheiden lassen, was sie sehen wollen; wie viel pro Tag, sollten jedoch Sie bestimmen. Bleiben Sie möglichst unter dem zurzeit üblichen Durchschnitt von gut zwei Stunden täglich.

Nutzen Sie das Fernsehgerät nicht als »Kindermädchen« für Ihre Kleinen. Wenn Sie sie nicht allein draußen spielen lassen wollen, gehen Sie mit ihnen zum Spielplatz und sorgen Sie für interessante Alternativen zu Hause. Folgen überhöhten Fernsehkonsums (etwa Kopfschmerzen, Unruhe, Konzentrationsschwierigkeiten) können Kinder schon sehr gut nachvollziehen, wenn ihnen eine ruhige Erklärung zu einem solchen aktuellen Vorfall gegeben wird – so lernen sie, selbst den Kasten auszuschalten.

Die überwiegend negativen Abendnachrichten sollten nicht das Letzte sein, was Ihre Kinder vor dem Schlafengehen mitbekommen. Es würde übrigens auch uns Erwachsenen gut tun, das Ritual der abendlichen Zusammenfassung der weltweiten Gewalt und Negativschlagzeilen in Frage zu stellen und einfach mal auszulassen.

Gewalt

»Kinder haben ein Recht auf gewaltfreie Erziehung. Körperliche Bestrafungen, seelische Verletzungen und andere entwürdigende Maßnahmen sind unzulässig« (Bürgerliches Gesetzbuch § 1631 Absatz 2. Vom Deutschen Bundestag am 6. Juli 2000 verabschiedet).

Kinder, die in Liebe und mit Respekt aufwachsen, werden sehr wahrscheinlich nicht zur Gewalt neigen. Seien Sie also den Kindern auch in der Lösung von Konflikten und in alltäglichen Situationen (beispielsweise beim Autofahren) ein Vorbild.

Sollte das Temperament aber mal mit Ihnen durchgegangen sein, machen Sie sich nicht obendrein noch fertig! Sprechen Sie mit dem Kind, wenn Sie sich wieder beruhigt haben, drücken Sie Ihr Bedauern aus und Ihre Bedrängnis, die zu der Situation geführt hat. Im Allgemeinen haben Kinder ein sehr gutes Gespür dafür, ob sie selbst auch provoziert haben. Vermeiden Sie aber Sätze wie »Du hast ja selbst Schuld«, denn Sie sind derjenige, der ausgerastet ist (Passiert Ihnen das bei Ihrem Vorgesetzten auch, oder können Sie sich dort sehr wohl beherrschen?).

Wenn Sie zur Gewalt neigen – tätlich oder verbal –, suchen Sie sich eine kreative Art, sie herauszulassen. Das kann eine Körpertherapie oder eine herausfordernde Sportart sein.

Sagen Sie als Eltern ein deutliches Nein zu Kriegsspielzeug, lassen Sie Ihre Kinder keine Gewalt verherrlichenden Filme sehen und geben Sie Ihre Gründe dafür an. Wenn Sie zum Beispiel ein Springermesser bei Ihrem Sohn (oder auch Ihrer Tochter) entdecken, seien Sie konsequent und nehmen Sie es weg. Dem Argument, er/sie müsse sich damit vor Gewalt schützen, können Sie die möglichen Folgen entgegenhalten. Wer keine Waffe bei sich hat, kann auch niemanden (schwer) verletzen. Wer mit einer Waffe auf jemanden trifft, der »besser« mit dieser Waffe umgehen kann, wird bei einer Auseinandersetzung oft schwerer verletzt, als wenn er ohne Waffe wäre.

Eine gute Möglichkeit sich zu schützen, ist, seelisch und körperlich stark zu sein. Das kann durch Sport unterstützt werden. Bei Kampfsport sollten Sie sich über den Geist der Schule informieren. Alle asiatischen Kampfsportarten haben eigentlich auch einen meditativen, weisen und friedfertigen Teil. Das sollte in der Schule Ihrer Wahl nicht zu Gunsten von harten Schlagtechniken fehlen.

Die sanften Kampfformen – Judo, Jiu-Jitsu und Aikido – können übrigens auch Mädchen und Jungen unterstützen, die schwächlich und deshalb vielleicht Opfer von rabiaten Kindern sind. Besonders Aikido, das übersetzt etwa »der Weg zur Entfaltung der Lebenskraft« bedeutet, ist – richtig unterrichtet – besonders geeignet, das Selbstwertgefühl und Körperbewusstsein zu steigern.

Sprechen Sie auf Elternabenden über das Thema Gewalt, ohne jedoch betroffene Eltern und ihre Kinder zu stigmatisieren. Sie brauchen eher die Unterstützung der Gemeinschaft, Ausgrenzung verstärkt das gewaltvolle Verhalten meistens noch.

Wenn sich die Situation nicht ändert, sollte die Schulleitung Konsequenzen ankündigen und auch durchführen. Ansonsten erwägen Sie einen Schulwechsel, um Ihre Kinder vor gewalttätigen Mitschülern zu schützen.

Humor und Spaß

Eltern, die über sich selbst lachen und in vielen Situationen mit Humor reagieren können, haben damit eine wunderbare Brücke zu ihren Kindern. Lernen Sie von Ihren Kindern, immer mehr Dinge mit Spaß zu tun, und bieten Sie wiederum den Kindern so viele Gelegenheiten wie möglich, Spaß zu haben. Lachen setzt Glückshormone frei!

Musik

Schon ganz Kleine, die noch gar nicht laufen können, bewegen sich rhythmisch, sobald sie Musik hören. Kinder lieben Musik. Sie sollen natürlich nicht den ganzen Tag berieselt werden (dann lernen sie schnell nicht zuzuhören), und auch die Auswahl sollte altersgerecht sein, der Tageszeit und der Stimmung in der Familie entsprechen.

Nicht zu übertreffen ist das gemeinsame Singen und Musizieren. Den Tag kann ein Mantrasingen beschließen, bei dem man mitsingt, summt oder auch nur zuhört und die schönen Schätze – Blumen, Früchte, kleine Figuren, Edelsteine, Muscheln oder Kerzen – in der Mitte des gemeinsamen Kreises betrachtet (siehe die Übung »Mantras singen« auf S. 159f.).

Dabei kann Frieden im eigenen Herzen und in der Familie einkehren, was sich dann auch positiv auf die Nachtruhe auswirken wird.

Unterstützen Sie den Wunsch, ein Musikinstrument zu erlernen, aber erzwingen Sie dies nicht. Das Musizierenlernen ist oft ein langwieriger Prozess. Deshalb sollte möglichst bald Spaß dabei sein; dies ist die größte Motivation. Auch hier gilt: Eigene Ansprüche fördern nicht unbedingt den Lernprozess des Kindes.

In der Schule Ihres Kindes oder in den Musikschulen der Bezirke können Sie sich informieren, gegebenenfalls auch Instrumente leihen oder mit anderen teilen. Aus anthroposophischer Sicht sind für die verschiedenen Temperamente bestimmte Instrumente besonders geeignet. Für lebhafte, fröhliche Kinder werden beispielsweise Blasinstrumente empfohlen.

Naturerlebnisse

Für die Wunder der Natur sind Kinder und Jugendliche jeden Alters normalerweise schnell zu begeistern. Kleine Kinder staunen mit dem ihnen eigenen Enthusiasmus über alles, was krabbelt, läuft, fliegt, quakt, quiekt und wiehert.

Größeren wagemutigen und auch so genannten schwierigen Kindern und Jugendlichen tut die Begegnung mit den Kräften der Natur gut. Manche Kinder brauchen tosende Wellen, riskantere Kletterpartien, um sich zu fühlen. Gerade in schwierigen Phasen, wenn es um Grenzüberschreitungen geht, können Naturgewalten ein Menschenkind wieder auf den Boden, an den ihm angemessenen Platz bringen.

Anderen Kindern tut wiederum das Sanfte in der Natur gut: Ausflüge an kleine Seen zum Plantschen, Schwimmen oder Rudern. Spaziergänge in Wäldern, über Felder und in Parks zeigen den natürlichen Rhythmus der Pflanzenwelt und harmonisieren zu jeder Jahreszeit.

Sportliche Aktivitäten lassen sich mit dem Aufenthalt in der Natur wunderbar verbinden, und auch Sie profitieren mehr von Radtouren oder Rollschuhlaufen, als wenn Sie Ihre Zöglinge immer nur zum Sportverein fahren.

Pubertät

Die Pubertät ist eine ganz besondere Zeit im Leben Ihres Kindes. Mehr als zehn Jahre lang hat es Ihre Einstellungen und Wertmaßstäbe mehr oder weniger übernommen. Die hormonelle Umstellung zur Fähigkeit, selbst ein Kind in die Welt setzen zu können, wird begleitet durch die Fähigkeit, eigene Ansichten zu entwickeln und eigene Wege zu gehen. Dies ist also eine Übergangszeit, die – wie der

Frühling – oft von Stürmen geprägt ist und auch an die Erwachsenen hohe Anforderungen stellt.

So gilt es jetzt besonders, den Heranwachsenden nicht nur Liebe und Anerkennung zu zeigen, sondern sie auch zur Freude über ihre Entwicklung zu ermuntern. Bereiten Sie Ihre Tochter positiv auf die Menstruation vor und feiern Sie deren Einsetzen vielleicht mit einem schönen Essen, einem Einkaufsbummel oder Ritual. Tun Sie Ihr Bestes, dass dieser natürliche Vorgang auch so natürlich wie möglich in Ihrer Familie behandelt wird. Das schließt die männlichen Mitglieder mit ein. Wenn Ihre Tochter unter Stimmungsschwankungen und starken Bauchschmerzen leidet, können ihr Bachblüten und homöopathische Mittel gut und sanft helfen ebenso wie Ihre positive Einstellung als Mutter oder Vater.

Aber auch die jungen Männer in der Familie brauchen eine rituelle Anerkennung ihrer Entwicklung. Lassen Sie den Stimmbruch nicht zu einem Problem werden – viele Jungs sind dadurch sehr verunsichert –, sondern feiern Sie ihn als den Einstieg zum Mannwerden wie auch das erste Rasieren.

Wenn Ihnen Ihre Sprösslinge sehr vertrauen und Ihnen vom ersten Geschlechtsverkehr erzählen, reagieren Sie offen und liebevoll. Hören Sie auch auf versteckt geäußerte Ängste und indirekte Fragen um Rat.

Für die gleichgeschlechtlichen Elternteile ist die Zeit der Pubertät auch insofern besonders, als sich die Heranwachsenden gleichzeitig von ihnen abgrenzen wie auch nach Orientierung suchen. Wenn die Tochter sich beispielsweise stark schminkt, reagiert sie eventuell auf ihre Mutter, die Schminke ablehnt. Oder ein Vater aus der 68er-Generation ist geschockt über die rechtskonservativen Sprüche seines Sohnes.

Für alle Eltern gilt das Vermeiden von Extremen. Seien Sie nicht zu streng, aber auch nicht zu großzügig. Ihre Kinder und Jugendlichen brauchen Ihre Hilfe, jedoch anders als bisher. Reden Sie mit ihnen, zeigen Sie mögliche Konsequenzen des rebellischen Verhaltens (ohne zu drohen). Sprechen Sie aus eigenen Erfahrungen, ohne besserwisserisch zu sein.

Sie können Ihrem Kind ab einem gewissen Alter nicht wirklich das Rauchen verbieten, besonders wenn Sie selbst rauchen. Aber Sie können von Ihren Gefühlen und Erfahrungen sprechen, wie schwer es Ihnen fällt, diese Sucht zu lassen, wie sehr es Sie selbst ärgert, wie viel Geld Sie dafür ausgeben und dass Ihre Gesundheit leidet. Sagen Sie Ihrem Kind, dass Sie ihm diese negativen Erfahrungen gern ersparen würden, dass aber die Entscheidung und die Konsequenzen – die es nun kennt – bei ihm liegen. Dann haben Sie alles in Ihrer Macht Stehende getan und müssen loslassen, wenn sich Ihr Kind nicht danach richtet. Sie können nicht darüber entscheiden, ob Ihr Kind heimlich raucht, aber Sie können für sich sorgen, indem Sie Regeln aufstellen, wenn Sie beispielsweise nicht wünschen, dass in Ihrer Wohnung geraucht wird.

Die Zeit der Pubertät ist auch eine gute Möglichkeit, Ihre eigene Liebe zu Ihrem Kind zu betrachten: Wie viele Bedingungen stellen Sie an ein liebevolles Miteinander?

Jugendliche sind besonders empfindlich und reagieren oft mit Rückzug und Opposition, wenn sie das Gefühl haben, nur geliebt zu werden, wenn sie funktionieren.

Für alle schwierigen Situationen in der Pubertät gilt: Vertrauen Sie Ihrem Kind und seiner Liebe zu Ihnen. Normalerweise hält es kein Jugendlicher lange aus, die Gefühle seiner Eltern zu verletzen. Aber vertrauen Sie auch dem Weg Ihres Kindes, der vielleicht ein ganz anderer ist als der Ihre und den Sie Ihrem Kind nicht aufdrücken können und dürfen.

Schule

Die Wahl der Schule hängt von Ihrer Einstellung, Ihren finanziellen Möglichkeiten und natürlich Ihrem Kind ab. Wenn Ihr Kind auf die für Sie zuständige Schule geht, hat es keinen langen Schulweg und zugleich Mitschüler, die alle in der Nähe wohnen. Auch Hort- oder Kindertagesstätten-Freunde gehen vielleicht in dieselbe Klasse, sodass Freundschaften weiter bestehen können.

Wenn Ihnen jedoch konfessionelle, Montessori-, Europa- oder anthroposophische Schulen mehr zusagen, sollten Sie sich rechtzeitig mit der jeweiligen Pädagogik beschäftigen, zu Vorbereitungstreffen gehen, die Lehrer kennen lernen und sich um einen Schulplatz bemühen. Falls Sie nicht das Glück haben, in der Nähe einer solchen Schule zu wohnen, müssen Sie und Ihr Kind sich auf lange Fahrzeiten einstellen, die sich aber lohnen, wenn sich Ihr Sprössling dort wohl fühlt.

Sorgen Sie dafür, dass Ihr Kind seine Möglichkeiten ausschöpfen kann. Unterstützen Sie es, sich die bestmögliche Bildung anzueignen, aber drängen Sie ihm nicht Ihre Vorstellung auf.

Zeitweise auftretende Lernschwierigkeiten können Sie mit Nachhilfeunterricht oder den Förderangeboten der Schulen auffangen. Achten Sie auf angemessene Ernährung, Bewegung und Ruhezeiten Ihrer Kinder. Oft können kinesiologische Körperübungen helfen. Lassen Sie sich auch von Lehrern und Schulpsychologen beraten.

Wenn das Lernen aber zur ständigen Belastung wird, suchen Sie gemeinsam mit Ihrem Kind nach Lösungen, die ihm angemessener sind (andere Klasse, andere Schule, anderer Schultyp). Vielleicht einigen Sie sich aber auch darauf, dass es in Ordnung ist, wenn Ihr Kind versucht, sich »so durchzuwurschteln«. Auch diese Haltung könnte allen Beteiligten den Druck nehmen und letztendlich zu ganz passablen Ergebnissen führen.

Sexualität

Die Zeiten, in denen sich ein Elternteil peinlich berührt hinsetzt, um dem Kind die Fakten des Lebens zu erklären, sind zum Glück vorbei. Eigentlich ist es ganz einfach: Sie beantworten von Anfang an alle gestellten Fragen – immer dem Alter entsprechend.

Verhalten Sie sich in Ihrer Körperlichkeit ungezwungen, schließen Sie beispielsweise die Badezimmertür nicht ab. So wird Ihr Kind von Anfang an ein natürliches Verhältnis zum Körper und zum anderen Geschlecht bekommen.

Wenn Sie oder eine befreundete Familie ein Baby erwarten, können Sie Ihr Kind wunderbar mit einbeziehen und ihm erzählen, wie das Baby in den Bauch gekommen ist. Kleine Kinder brauchen noch nicht biologische Tatsachen zu verstehen, ihnen gefällt es wahrscheinlich mehr, dass der Papi das Baby in die Mami »hineingezaubert« hat. Älteren Kindern können Sie dann mehr über das Wunder der Befruchtung und das Entstehen des neuen Lebens erklären. Betonen Sie die Liebe, die dazu geführt hat, dass ein neues Geschwisterchen auf die Welt kommt, dann bekommt Ihr Kind ein Gefühl dafür, dass Liebe und Sex zusammengehören.

Öffnen Sie sich für den Körperkontakt mit Ihren Kindern, kuscheln Sie mit ihnen, nehmen Sie sie in den Arm, auch wenn sie in die Pubertät kommen. Lassen Sie jedoch den Wunsch nach Kontakt vom Kind ausgehen, respektieren Sie es und drängen Sie ihm keine Küsschen oder Umarmungen auf. Ein Kind, das Nein zu Zärtlichkeiten sagen darf, ist besser geschützt vor fremden Übergriffen. Ermutigen Sie auch Ihr jugendliches Kind, sich gut abzugrenzen und nur das zu machen, was es wirklich möchte. Vermitteln Sie ihm, dass zu einer erfüllenden Sexualität auch immer das Herz gehört.

Spiritualität

Spiritualität heißt nicht, dass Sie jeden Sonntag mit Ihren Kindern in die Kirche gehen müssen. Da Kinder jedoch noch viel ganzheitlicher fühlen und nicht alles mit dem Verstand erfassen, tut es ihnen gut, auch auf der spirituellen Ebene genährt zu werden. Wenn Sie nicht religiös im konfessionellen Sinn sind, können Sie dennoch die Schönheit mancher Kirchen mit Ihren Kindern bewundern oder Chorkonzerte besuchen. Es gibt Kinder, die Friedhöfe lieben, die wissen wollen, wo Kinder begraben sind; und dann ist es gut, nicht ins Bedauern darüber zu geraten, denn Ihr Kind spürt vielleicht noch mehr als Sie, dass alles seinen richtigen Weg geht. Wenn Sie die Gräber Ihrer eigenen Eltern pflegen, nehmen Sie Ihre Kinder mit und erzählen ihnen etwas über die Großeltern. So ehren Sie Ihre Ahnen und die Kinder fühlen sich eingebunden in den immer währenden Kreislauf von Sterben und Werden.

Spiritualität lässt sich auch wunderbar mit dem Aufenthalt in der Natur verbinden: Sonnenauf- und -untergänge, Spaziergänge bei klarem Sternenhimmel oder Vollmond, der Rhythmus von Ebbe und Flut. Beschränken Sie sich nicht auf rein wissenschaftliche Erklärungen, sondern tragen Sie dazu bei, dass sich Ihr Kind als wertvoller und notwendiger Teil des Ganzen fühlt.

Sport

Kinder haben einen natürlichen Drang zur Bewegung, und dem sollten Sie so oft wie möglich Raum geben. Die Kinder sind dann auch in der Lage, sich ruhigeren Beschäftigungen zu widmen. Während kleinere Kinder einfach ihre Umgebung zum Klettern und Herumturnen nutzen, entstehen bei Schulkindern gezielte Interessen, und sie möchten über die schulischen Angebote hinaus in einer Gruppe oder im Verein Sport treiben. Gehen Sie einige Male mit Ihrem Kind hin und schauen zu, achten Sie auf den allgemeinen Umgangston untereinander und besonders darauf, welchen Eindruck der Trainer auf Sie macht. Er oder sie wird Ihr Kind für einige Zeit betreuen und Einfluss haben und sollte daher freundlich und einfühlsam sein.

Besonders jüngeren Kindern sollte hartes Wettbewerbstraining so lange wie möglich erspart werden. Sport soll Spaß machen, ein faires Miteinander und körperliches Wohlbefinden fördern.

Die Freizeit vieler Kinder ist ziemlich verplant, und die Eltern fahren oder bringen sie von einem Termin zum anderen. Ersparen Sie sich und Ihrem Kind eine Überlastung durch zu viele Aktivitäten. Organisieren Sie gegebenenfalls mit anderen Eltern Fahrgemeinschaften oder sorgen Sie dafür, dass die Kinder gemeinsam mit anderen zum Sport und wieder nach Hause gehen.

Falls Ihr Kind kein Interesse an Sport hat, üben Sie keinen Druck aus, aber sorgen Sie für Alternativen. Unternehmen Sie Radtouren, gehen Sie miteinander schwimmen oder zum Wandern. Haben Sie ein schüchternes und ängstliches Kind, kann es behutsam immer wieder ermutigt werden, seinem Körper und seinen Kräften zu trauen.

Drücken Sie Ihrem Kind nicht die Sportart auf, die Sie wichtig oder toll finden. Vielleicht ist Ihr Kind eher musisch begabt oder introvertiert, und das laute sportliche Treiben ist ihm zu viel.

Eine besonders angenehme Art, Musik und Sport zu verbinden, ist das Tanzen. Hier kommen musische Empfindungen, Körperbeherrschung und Lebensfreude zusammen – ein spielerischer Umgang mit dem Leben. Alle (Sub-)Kulturen haben ihre beeindruckenden Tänze, so können Sie Ihrem Kind eine Vielzahl verschiedener Tanzformen anbieten.

Taschengeld

Taschengeld sollte erst dann gezahlt werden, wenn ein Kind gut mit Zahlen umgehen kann. Orientieren Sie sich auf Elternabenden, wie hoch der Durchschnitt der finanziellen Zuwendungen anderer Eltern ist. Klären Sie mit Ihren Kindern, was sie selbst finanzieren müssen und was Sie bezahlen. Bieten Sie Tätigkeiten an, mit denen Geld hinzuverdient werden kann, und unterstützen Sie den Wunsch, kleine Jobs anzunehmen (zum Beispiel Stadtteilzeitungen austragen, Nachhilfeunterricht geben, babysitten, Hunde ausführen).

Sind Ihnen die Markenartikel, die gerade in Mode sind

und die Ihre Kinder »unbedingt haben müssen«, zu teuer oder möchten Sie dieses Konsumverhalten nicht unterstützen, nennen Sie den Betrag, den Sie für ein neues Kleidungsstück auszugeben bereit sind. Den »Markenzuschlag« kann sich Ihr Kind dann selbst erarbeiten.

Der Umgang Ihres Kindes mit Geld kann Ihnen etwas über Ihr eigenes Verhältnis dazu spiegeln. Sind Sie eher großzügig oder knickerig, beherrscht das Thema Geld auf negative Art die Gespräche zu Hause?

Sollte Ihr Kind regelmäßig Schulden machen und trotz aller Gespräche und Lösungsvorschläge nicht damit aufhören, kündigen Sie ein Gespräch mit den betroffenen Mitschülern oder Freunden an, um diese zu bitten, Ihrem Kind kein Geld mehr zu leihen. Es ist wichtig, die Ankündigung in Liebe und Klarheit auszusprechen, damit Ihr Kind um diese Konsequenz weiß.

Verantwortung

Dieses Wort löst oft eine gewisse Schwere aus, vielleicht, weil wir gewohnt sind, es mit Druck von außen zu verbinden. Bei Kindern ist es daher besonders wichtig, dass Verantwortlichkeiten gemeinsam beschlossen werden und dass nicht zu früh damit begonnen wird. Kleinere Kinder lassen sich noch gern spielerisch in leichte Aufgaben einbinden und sind stolz, wenn sie helfen können.

Bei Schulkindern sind die Eltern zum Beispiel verantwortlich dafür, so rechtzeitig aufzustehen, dass die morgendlichen Rituale nicht anstrengend sind und die Familie ohne Hetze und Stress auseinander gehen kann. Sie wecken Ihr Kind früh genug, bereiten das Frühstück und die Schulbrote zu. Ihr Kind ist je nach Alter und Absprache für die Wahl und das Zurechtlegen der Kleidung, einen vollständig gepackten Ranzen, die Mitnahme von Turnzeug oder des Musikinstruments verantwortlich.

Wenn die Dinge nicht klappen, reden Sie miteinander und finden heraus, woran es liegt. Haben Sie auch den Mut zur Selbstkritik, wenn die Fehlerquelle bei Ihnen liegt. Vermeiden Sie unbedingt, von Schuld zu reden. Schuld ist schwer und erdrückend. Zeigen Sie einfach die Konsequenzen auf, die Fehlverhalten und nicht eingehaltene Absprachen auf das Kind, Sie selbst und die betroffene Gemeinschaft haben (Geschwister, Schulkameraden).

Vielleicht ist Ihr Kind mit der Aufgabe überfordert, oder der gewählte Zeitpunkt ist ungünstig. Seien Sie kreativ und kooperativ beim Finden einer anderen Lösung, statt auf Prinzipien herumzureiten.

Verhaltensauffälligkeiten

Verhaltensauffälligkeiten wie Stottern, Nägelkauen, Bettnässen, Hyperaktivität, Stehlen, Schuleschwänzen und dergleichen sollten Sie wie auch schon unter »Aggressives Verhalten« und »Ängste« empfohlen, als eine Botschaft an die Erwachsenen ansehen, die das Kind nur verschlüsselt überbringen kann. Versuchen Sie daher nicht, das Kind verändern zu wollen. Wenn Sie eine Pflanze lange nicht gegossen haben, nützt es auch nichts, ihr zu sagen,

Der kluge Rat

32. Ihre Kinder haben ihr eigenes Leben. Geben Sie Ihnen eine Heimat, ein Zuhause und eine Orientierung fürs Leben. Ermuntern Sie sie zur Liebe und stärken Sie ihnen den Rücken, damit Sie ihren eigenen Weg gehen können. Folgen Sie in der Erziehung Ihrem Herzen und vertrauen Sie Ihren Fähigkeiten. Sie sind genau die richtigen Eltern für Ihr Kind, vor allem dann, wenn Sie liebevoll und achtsam handeln. Machen Sie es sich leicht und geben Sie zugleich Ihr Bestes.

33. Sollten Ihre Kinder schon groß oder aus dem Haus sein, plagen Sie sich nicht mit Schuldgefühlen! Die Vergangenheit ist vorbei. Außerdem werden Eltern immer Fehler entdecken, vor allem im Nachhinein, und wer weiß, ob diese Ihren Kindern nicht auch Kraft für ihren eigenen Weg gegeben haben.

Übrigens ist es nie zu spät, gegenseitiges Verständnis zu entwickeln und alte Streitigkeiten aufzulösen.

---

sie solle nicht verdorren. Suchen Sie gemeinsam nach den Ursachen und fragen Sie, wie Sie Ihrem Kind helfen können.

Alle extremen Verhaltensweisen haben zwei Grundgefühle: Angst und Wut. Das Heilmittel für beides ist Liebe zu Ihrem Kind, gerade in den schwierigen Zeiten. Wenn Ihr Kind spürt, dass es sich darauf verlassen kann, hat es eine gute Basis zur Heilung.

Wenn Sie sich überfordert fühlen mit der Situation, holen Sie sich für sich selbst und Ihr Kind Hilfe.

Literaturtipps

Biddulph, Steve: *Das Geheimnis glücklicher Kinder.* München 1998

Erb, Helmut H.: *Gewalt in der Schule und wie du dich dagegen wehren kannst.* Wien 2001

Ernst, Andrea u. a.: *Kursbuch Kinder.* Köln 2001

Gordon, Thomas: *Die Neue Familienkonferenz.* Hamburg 1993

Keudel, Helmut: *Kinderkrankheiten.* München 2000

Koneberg, Ludwig/Förder, Gabriele: *Kinesiologie für Kinder.* München 1999

Leboyer, Frederick: *Geburt ohne Gewalt.* München 1999

Leboyer, Frederick: *Sanfte Hände. Die traditionelle Kunst der indischen Baby-Massage.* München 2000

Schiffer, Eckhard: *Warum Huckleberry Finn nicht süchtig wurde. Anstiftung gegen Sucht und Selbstzerstörung bei Kindern und Jugendlichen.* Weinheim 1999

Schmidt, Sigrid: *Bach-Blüten für Kinder.* München 1999

Valentin, Lienhard: *Mit Kindern neue Wege gehen. Erziehung für die Welt von morgen.* Reinbek 2000

Walsch, Neale Donald: *Ich bin das Licht.* Freiburg 1999

Websites
Adressen von Jugend- und Eheberatungsstellen:
www.dajeb.de
Information über Drogen:
www.dhs.de

Informationen zu Krankheiten und Behinderungen von
   Kindern und Jugendlichen:
   www.kindernetzwerk.de
Kinderschutzbund:
   www.dksb.de
Lernschwierigkeiten und anderes:
   www.schulpsychologie.de
Schwangerschaftsberatung:
   www.profamilia.de

Telefonkontakte
Gebührenfreies Sorgentelefon für Kinder und Jugendliche:
   08 00/1 11 03 33 (Mo bis Fr 15 bis 19 Uhr)

KREATIVITÄT

Die Sätze »Jeder Mensch ist kreativ« und »Kunst kommt
nicht von Können« haben uns vor vielen Jahren beein-
druckt und unsere Sichtweise verändert.

Lebenskunst: Jeder Mensch ist kreativ

Das Wort »Kreativität« ist dem lateinischen Verb *creare*
(»erschaffen, zeugen«) entlehnt und mit dem Verb *cres-
cere* (»wachsen, zunehmen«) verwandt.
   So zeigt der sprachliche Ursprung, dass wir Kreativität
von der Seite des Schöpferischen und auch von der Seite
des Entfaltens betrachten können. Ersteres erinnert uns
daran, dass jeder Mensch seine eigene Welt erschafft, sei

es eine ihm angenehme oder eine ihm unangenehme. In diesem Sinne ist also jeder Mensch kreativ!

Entfaltung geschieht, wenn wir sie zulassen. Der Prozess des Lebens ist kreativ, auf Wachstum und Reifung angelegt. Wir erleben uns kreativ, wenn wir mitschwingen, wir erleben uns beengt, wenn wir dagegenhalten. In diesem Sinne ist also nur der kreativ, der geschehen lässt!

Im Kapitel »Weisheit« haben wir beschrieben, welche inneren Haltungen vorteilhaft sind, sein Leben in Liebe (und kreativ) zu gestalten. Erinnern wir uns daran:

- Verantwortung für unser Leben zu übernehmen,
- aufmerksam in der Gegenwart zu leben (allein durch die Tatsache, dass wir unser Leben so *annehmen*, wie es gerade ist, wird es schon *angenehmer*!),
- offen für die Entwicklungsmöglichkeiten zu sein, die das Leben bietet,
- dankbar zu sein.

Kunst: Kunst kommt nicht von Können

Wenden wir uns nun der Kunst im engeren Sinne und dem künstlerischen Gestalten zu, dem Bereich des Lebens, den man im allgemeinen Sprachgebrauch mit Kreativität verbindet. Wir sehen hier nicht nur die klassischen Künste wie beispielsweise Musik, Malerei oder Tanz, sondern auch alltägliche Tätigkeiten wie Kochen, Nähen, Werken, Einrichten und Gartengestaltung.

Wenn Sie Neues schaffen, sind Sie im doppelten Sinne –

233

also im Sinne des Schöpfens und des Entfaltens – kreativ. Wenn Sie sich wiederholen, erschaffen Sie, aber Sie entwickeln sich nicht. Man mag Sie bewundern, Sie mögen über vielfältige Techniken und Fähigkeiten verfügen; kreativ sind Sie dann nur im schöpferischen Sinne.

Zum kreativen Tun brauchen Sie keine besondere Begabung. Jeder Mensch ohne erhebliche Behinderungen kann singen, trommeln, tanzen, malen und dichten. Um kreativ zu sein, um sich im Leben zu entwickeln, um ein wirklicher Künstler zu sein, brauchen Sie lediglich Mut.

Mut, um anzufangen, weiter zu gehen, auf Ihre innere Stimme zu hören, Anfangsschwierigkeiten und Wachstumsschmerzen zu ertragen. Mut, die richtigen Lehrer anzusprechen und die falschen zu verlassen. Mut, sich zu zeigen, fehlbar zu sein, Kritik zu hören, zu seinem Weg zu stehen, sich treu zu sein und sich zugleich zu verändern. Mut, Gleichgesinnte und Partner zu finden und sich seine Zeit zu geben. Mut, Schlechtes zu lassen, Zweifelhaftes auszuprobieren, Gutes zu übernehmen und es anders als andere zu machen.

Und Sie brauchen auch Demut, um sich hinter dem, was werden will, zurückzunehmen. Osho sagte dazu: »Etwas zu tun ist nicht Kreativität; nichts zu tun ist auch nicht Kreativität … Es ist kein Tun, es ist ein Geschehenlassen. Es bedeutet, ein Durchlass zu werden, sodass das Ganze durch dich hindurchfließen kann. Es bedeutet, ein hohler Bambus zu werden, einfach ein hohler Bambus – und dann geschieht sofort etwas, denn hinter dem Menschen versteckt sich Gott. Mach ihm einfach ein bisschen

Platz, mach eine kleine Tür auf, dass er durch dich hindurchkommen kann. Das ist Kreativität: Gott geschehen lassen ist Kreativität. Kreativität ist ein religiöser Zustand. Aus diesem Grunde sage ich, dass ein Poet weit näher bei Gott ist als ein Theologe, ein Tänzer sogar noch näher.«

Es ist die Entscheidung, die Sie zum Künstler wie zum kreativen Gestalter Ihres Lebens macht. Sie sagen Ja, und der Rest fügt sich von selbst. Sie werden zum Maler, wenn Sie sich für die Malerei entscheiden, Sie werden zum Musiker, wenn Sie die Musik wählen, und Sie werden zum Künstler auf vielen Gebieten, wenn Sie sich dafür entscheiden. Durch das, was auf diesen Wegen dann geschieht, entwickeln Sie sich weiter und werden der, der Sie werden wollen.

Sie können sogar mit Ihrer Kunst Geld verdienen, meist allerdings nur, wenn Sie sowohl den Weg für die Kunst als auch den für Geld und Erfolg gehen.

Kreative Lösungen

Werden wir nun noch konkreter und schauen, wie wir unsere Kreativität im Alltag nutzen können.

Das Leben, unsere Beziehungen und unser Beruf stellen uns Aufgaben, die unser Leben interessant machen und an denen wir wachsen können. Manches gelingt leicht, anderes fällt uns schwerer und erfordert einen größeren Einsatz. Wenn wir schließlich eine Lösung haben, sind wir vielleicht stolz auf das, was wir geleistet haben, und freuen uns über die Erweiterung unserer Fähigkeiten.

Manchmal finden wir jedoch lange keine Antworten, fühlen uns verstrickt und können den Knoten nicht lösen.

Es gibt einfache und kreative Lösungen. Einfache Lösungen befinden sich innerhalb unseres üblichen Handlungsmusters, kreative Lösungen entstehen, wenn wir Ungewohntes und Neues zulassen.

Einfache Lösungsstrategien reichen oft aus. Wenn diese jedoch an ihre Grenze kommen, können sie selbst zum eigentlichen Problem werden – nämlich dann, wenn man immer wieder die gleiche Strategie, vielleicht mit noch mehr Mühe und Einsatz probiert, und sich damit den Blick auf einen kreativen Ansatz verbaut.

Kreative Lösungen kann man nicht erzwingen. Man kann sie vorbereiten, günstige Voraussetzungen schaffen und vor allem sich selbst oder ein Team in eine geeignete Stimmung versetzen. Dann kommen sie von allein, vielleicht plötzlich und spontan oder ganz allmählich, indem sie aus einem unbewussten Raum ins Bewusstsein dämmern. Dort muss man sie willkommen heißen, vielleicht sogar festhalten, aufschreiben und aussprechen, sonst verschwinden sie wieder. Bevor sie kräftig und stabil sind, mögen sie keine Zweifel und Kritik. Wenn man ihnen keine Zeit für Entwicklung und Reifung gibt, können sie schreckhaft sein und sich wieder zurückziehen. Sie kommen ja nicht aus der begrenzten logischen Welt und den bekannten rationalen Lösungsmustern. Mit Wissenschaft, Logik und Vernunft können wir sie nicht wertschätzen. Lassen Sie es geschehen und beschäftigen Sie sich erst später mit einer möglichen praktischen Umsetzung.

Die meisten bedeutenden Entwicklungssprünge sind in dieser Atmosphäre entstanden. Einfache Lösungen stehen für einen kontinuierlichen allmählichen Erfahrungsgewinn, kreative Lösungen für Sprünge auf ein neues Niveau, oft aus einer Sackgasse oder Krisensituation.

Die kreativen 11 – Tipps für innovative Lösungen

1. *Akzeptieren Sie Ihr Problem* und übernehmen Sie für die bestehende Situation Verantwortung.
2. Fragen Sie sich, *was Sie aus dieser Situation lernen können* und wohin sie sich entwickeln könnte. Setzen Sie sich Ziele und geben Sie sich genug Spielraum, damit Neues entstehen kann.
3. *Nehmen Sie Abstand* von dem, was Sie bisher gemacht und gedacht haben. Spinnen Sie ein wenig herum. Träumen Sie und lassen Sie Gedanken und Ideen freien Lauf.
4. *Machen Sie die Dinge mal ganz anders.* Verändern Sie die Reihenfolge Ihrer Tätigkeiten, experimentieren Sie mit Methoden und Techniken, die Sie noch nicht kennen oder die für Sie ungewohnt sind.
5. *Arbeiten Sie nach Ihren Bedürfnissen.* Arbeiten Sie dann, wenn es für Sie stimmig ist. Machen Sie Pausen und Freizeit, wenn Sie sie brauchen.
6. Es gibt verschiedene Arbeitsstile: Vom Großen zum Kleinen, vom Detail zum großen Ganzen. Manch einer braucht Struktur und Gliederung, ein anderer lässt sich treiben und folgt seinen spontanen Einfällen. *Wählen Sie den Stil, mit dem Sie sich am besten entfalten können.*

7. *Nehmen Sie sich die Zeit,* die Sie brauchen. Sammeln
   Sie Informationen und Ideen, fragen Sie Experten, in-
   itiieren Sie Teamsitzungen.
8. Malen oder kritzeln Sie Ihre Fragestellungen auf Papier. Lassen Sie Ihre Stifte Verbindungen, Ideen, Bild-
   chen malen. Erlauben Sie sich Nebenwege und Ab-
   weichungen. Oder machen Sie ein *Brainstorming* (am
   besten im Team: Frage aufschreiben, alle spontanen
   Antworten ohne Bewertung notieren, erst dann sortieren und bewerten).
9. Fordern Sie sich. Geben Sie sich nicht zufrieden mit
   dem, was Sie bisher können. Lernen Sie. *Setzen Sie
   sich Neuem und Ungewohntem aus.*
10. *Gehen Sie spazieren,* treiben Sie Sport, meditieren Sie,
    machen Sie Hausarbeit, reparieren Sie Ihr Fahrrad
    oder sitzen Sie einfach still und genießen die Natur.
    Dabei kommen einem oft die besten Ideen.
11. Überlegen Sie auch, ob ein Problem wirklich Ihr Pro-

blem ist. Oder ist es eine Tatsache, auf die Sie keinen Einfluss haben. Dann können Sie nur Ihre Einstellung dazu ändern. *Versuchen Sie nicht, die Probleme anderer zu lösen* oder gar das zu lösen, was nicht zu lösen ist.

Literaturtipps

Bhagwan Shree Rajneesh (Osho): *Kunst kommt nicht von Können*. Köln 1985

Cameron, Julia: *Der Weg des Künstlers*. München 2000

Csikszentmihalyi, Mihaly: *Lebe gut. Wie Sie das Beste aus Ihrem Leben machen*. München 2001

Goleman, Daniel/Kaufmann, Paul/Ray, Michael: *Kreativität entdecken*. München 1999

Watzlawick, Paul/Weakland, John/Fisch, Richard: *Lösungen. Zur Theorie und Praxis menschlichen Wandels*. Bern 1992

Website
Kursangebote: www.vhs.de

Freundschaft und Mitgefühl

Bisher haben wir Beziehungen des engsten persönlichen Kreises betrachtet, also die Beziehungen zu den Eltern, den Lebenspartnern und Kindern. Einiges des Gesagten betraf auch die erweiterte Familie, wichtige Lehrer und geschäftliche Partnerschaften.

Dehnen wir nun unseren Blickwinkel auf die Gruppe von Menschen aus, mit denen wir uns verbunden fühlen und ein ganzes Leben, viele Jahre oder eine Zeit lang zumindest in Teilbereichen unseres Lebens einen gemeinsamen Weg gehen. Nennen wir diese Gruppe unseren Freundeskreis.

Wenn wir diesen Kreis immer weiter vergrößern, schließen wir endlich die gesamte Menschheit und alle anderen Wesen ein, mit denen wir diesen Planeten bewohnen und mit denen wir auch schon deshalb einen gemeinsamen Weg gehen. So haben wir mit allen Wesen Mitgefühl, egal ob uns das bewusst ist oder ob wir uns davon abgrenzen.

Erinnern wir uns daran, dass wir einerseits allein und andererseits auch mit allen und allem verbunden sind. Wir fühlen mit dem anderen, wenn wir ihn verstehen und auch mit seinen Verstrickungen akzeptieren. Oft wird uns das noch schwer fallen, wir können es jedoch lernen, denn jede menschliche Regung ist auch irgendwo in uns. Alle Menschen, die wir annehmen, unterstützen wir auf ihrem Weg. Zugleich lernen wir Teile unseres eigenen Wesens besser kennen und geben ihnen damit die Möglichkeit zu heilen.

Das heißt aber nicht, dass wir mit anderen leiden müssen. Denn jeder trägt sein eigenes Schicksal, lernt und entwickelt sich an dem, was ihm widerfährt. Mitleid nutzt niemandem, hält den Bemitleideten im Leid und den Mitleidenden von seinen eigenen Angelegenheiten ab. Wir müssen auch nicht durch andere leiden. Wir können unseren Mitmenschen sagen, wenn ihr Verhalten bei uns Emotionen auslöst. Wir können unsere Einstellung ändern, den anderen bitten zu gehen, oder selber gehen.

Während man üben sollte, mit allen Wesen Mitgefühl zu haben, also auch mit Menschen, die sich in ihren Worten und Werken eher den negativen Seiten des Lebens zuwenden, ist es sinnvoll, sich einen Freundeskreis zu suchen, der einen in seiner Entwicklung fördert. In guten Freundschaften wird man sich gegenseitig darin unterstützen, dass jeder seinen eigenen Weg findet. Man wird sich über die Zeiten freuen, die man zusammen ist, und etwas traurig sein, wenn man sich trennt, weil man Verschiedenes vor sich hat. Man wird nicht aneinander kleben, um sich gegenseitig im Alten festzuhalten.

Es macht Spaß und ist für die eigene Entwicklung förderlich, sich mit einer Gruppe Gleichgesinnter regelmäßig zur Meditation, zum »Feedback und Sharen« (siehe Seite 172) oder auch zu Ausflügen in die Natur, zu Kulturveranstaltungen oder fröhlichen Feiern zu treffen.

Noch etwas zum Thema Verbindlichkeit: Beziehungen

und Freundschaften bauen auch auf gegenseitige Hilfe und Verlässlichkeit auf. Helfen Sie dennoch nur dann, wenn Sie es gern machen und es von Herzen tun. Zwingen Sie sich nicht aus »Freundschaft« zu Hilfeleistungen, die Ihnen widerstreben. Dies wird Ihre Beziehungen belasten. Beharren Sie auch nicht auf die Hilfe Ihrer Freunde, wenn es nicht passt. Bitten Sie um Unterstützung, freuen Sie sich über ein »Ja«, akzeptieren Sie aber auch ein »Nein«.

Sie werden mit der Zeit sehr genau spüren, welche Verabredungen und Unternehmungen für Sie stimmig sind. So werden Ihr »Ja« oder Ihr »Nein« klar werden, und man wird sich auf Sie verlassen können. Wenn Sie keine klare Antwort geben können, bitten Sie sich etwas Bedenkzeit aus, bevor Ihre Zustimmung oder Ablehnung vorschnell kommt. Und die Welt geht auch nicht unter, wenn Sie hin und wieder eine Zusage widerrufen. Warten Sie damit aber am besten nicht bis auf den letzten Drücker, denn das erschwert den Umgang mit Ihnen doch ein wenig.

DIE HARMONIE IM GEBEN UND NEHMEN

Alle Beziehungen und auch das Leben als Ganzes sind auf einem Gleichgewicht von Geben und Nehmen ausgelegt. Bin ich eng und geizig, erfahre ich dies auch. Ich gebe nicht viel und bekomme nicht viel. Bin ich offen und großherzig, bekomme ich viel vom Leben. Ich liebe und werde geliebt, ich gebe und erlebe Fülle.

Mit Ausnahme der Beziehungen zwischen Eltern und Kindern entwickeln sich Beziehungen nur dann harmonisch, wenn ein Gleichgewicht zwischen Geben und Nehmen besteht. Eltern geben ihren Kindern, und Kinder geben weiter an ihre Kinder. So entsteht auch hier ein Gleichgewicht, indem man »von oben« bekommt und »nach unten« weitergibt.

In anderen Beziehungen gilt: Wenn einer zu viel gibt, fühlt er sich nach einer Zeit ausgenutzt. Und einer, der zu viel bekommt, fühlt sich auch nicht wohl. So können Partner- und Freundschaften zerbrechen.

Geben und Nehmen schafft Beziehung. Beziehung begrenzt aber auch persönliche Freiheiten. So mag einer viel geben und nehmen, weil er die Fülle liebt; und ein anderer mag wenig nehmen und geben, weil er seine Freiheit braucht und lieber im Kargen lebt.

Was passiert, wenn Sie Geld verschenken?

Sie schenken jemandem, der ständig über Geldsorgen klagt, einen größeren Geldbetrag. Vielleicht wollen Sie etwas Gutes tun, einem Menschen endlich auf die Sprünge helfen. Was geschieht aber wirklich?

• Die betreffende Person hat in ihrem Leben ein Ungleichgewicht von Geben und Nehmen, das sie nur selbst lösen kann. Durch Ihr Geldgeschenk wird dies eine Zeit lang verschleiert, eben so lange, bis das Geld verbraucht ist. Diese Zeit verliert der Beschenkte, um seine Angelegenheiten zu ordnen.

Etwas anderes ist es jedoch, wenn jemand seine Auf-

244

gaben erledigt, Sie um Geld bittet und Ihnen gegenüber einen gerechten Ausgleich macht oder dieses Geld in Ihrem Sinne verwendet.

- Sie schaffen eine Beziehung zu diesem Menschen. Wollen Sie das? Sie möchten zumindest, dass Ihr Geld sinnvoll verwendet wird. Wie werden Sie sich fühlen, wenn diese Form von Ausgleich nicht zu Stande kommt und die betreffende Person nach kurzer Zeit wieder pleite ist?

- Wenn diese Person ein guter Freund oder Ihr Partner ist, gefährden Sie Ihre Beziehung. Es sei denn, Sie sorgen für einen gerechten Ausgleich. Ansonsten sind Sie mit Ihren Erwartungen beschäftigt und Ihr Partner damit, Ihre zu erfüllen. Das kann sich sehr eng anfühlen und den Nährboden für manchen Konflikt geben.

- Anders ist das mit Ihren Kindern, denen Sie Geld als Starthilfe geben. Hier brauchen Sie nicht für einen Ausgleich zu sorgen, der erfolgt dann ja in der nächsten Generation. Seien Sie aber klar, dass Sie Hilfe zur Selbsthilfe und zum Wachstum geben. Erschweren Sie Ihren Kindern nicht die Reifung, indem Sie übermäßig Konsumwünsche finanzieren.

Das, was wir mit dem Geld beschrieben haben, gilt natürlich auch für andere Geschenke. Wenn Sie einen Menschen mit Liebe überschütten, werden Sie weder das erreichen, was Sie wollen, noch dem anderen eine echte Hilfe sein. Wenn dies auf Sie zutrifft, fragen Sie sich, was Sie zu solchem Verhalten drängt.

245

Das Gefühl, wenig vom Leben zu bekommen

Was kann man machen, wenn man das Gefühl hat, wenig vom Leben zu bekommen?

- Dankbar sein für das, was man hat, und Verantwortung dafür übernehmen, denn jeder hat das, was er gerade braucht. Die Haltung »Es ist mein gutes Recht ...« verkennt diese Verantwortung. Das Schicksal oder das Leben scheint in unserem begrenzten Sinne nicht fair. Wenn wir wenig haben, ist das erst einmal gut so. Genießen wir es! Ein einfaches Leben bietet seine Freuden und hat auch manchen Vorteil. Ein reiches Leben bietet andere Freuden, hat aber auch andere Verpflichtungen.

- Die beste Haltung, etwas zu bekommen, ist etwas zu geben. Sich öffnen, ja zum Leben sagen, neue Impulse aufgreifen, sich entwickeln. Freundlichkeit, Freude, Liebe zu schenken. Auch wenn man wenig Geld hat, hin und wieder ein Almosen geben, jemandem eine Freude machen, jemanden einladen und sich auch selbst etwas Schönes gönnen.

- Im Arbeits- und Geschäftsleben heißt das auch, etwas anderes und etwas Besonderes bieten: etwas liebevoll zu machen, einen kostenlosen Extraservice anzubieten, immer freundlich zu sein, kleine Dinge für die Kunden und auch für die Mitarbeiter zu haben, die ihnen Freude machen.

Ein Stau des Flusses

Was kann man tun, wenn sich der Fluss von Geben und Nehmen staut, beispielsweise wenn man keine Kinder hat oder keiner regelmäßigen Arbeit nachgeht?

- Patenkinder in der so genannten Dritten Welt unterstützen,
- ehrenamtlich im sozialen Bereich tätig sein,
- einfach regelmäßig etwas machen, was »der Welt gut tut«, ohne Anerkennung dafür zu erwarten.

Übungen

Geben und Nehmen

Nehmen Sie sich einige Minuten Zeit und setzen Sie sich entspannt hin. Atmen Sie in den Bauch und spüren Sie in Ihr Herz. Denken Sie an fünf Menschen, denen Sie Kraft und Energie schicken wollen. Schließen Sie die Augen und beginnen, dem ersten etwa eine Minute lang Sonne, Licht, Liebe, Freude und Kraft zu senden. Machen Sie das anschließend auch mit den anderen vier Personen. Sie werden sich wundern, wie gut es Ihnen hinterher geht. Sie haben gegeben, und Sie haben bekommen.

Literaturtipps

Phillips, Michael: *Die Sieben Gesetze des Geldes.* Bern 1998

Thich Nhat Hanh: *Schritte der Achtsamkeit. Eine Reise an den Ursprung des Buddhismus.* Freiburg im Breisgau 1998

Weber, Gunthard: *Zweierlei Glück. Die systemische Psychotherapie Bert Hellingers.* Heidelberg 1993

Websites
Spenderberatung: www.dzi.de (Deutsches Zentralinstitut für soziale Fragen)

Vermittlung von Patenkindern: www.plan-international.de
www.sos-kinderdoerfer.de

Spenden per Mausklick:
www.thehungersite.com (für jeden Mausklick auf dieser Seite zahlt ein dort werbendes Unternehmen einen bestimmten Betrag, der dem UN-Welternährungsprogramm zu Gute kommt)

»Vertraue Allah,
auch wenn dein Kamel
weg ist«

Tod und Wandlung

Die Lehre des Feng Shui zeigt mit dem »Bagua« (chinesisch: »acht Felder«) die wichtigsten Lebensbereiche auf. Dieser Gliederung sind wir gefolgt und haben Ihnen Ratschläge gegeben, wie Sie die Lebensaufgaben sinnvoll meistern können. Wie Sie sehen, bleibt im Quadrat des Baguas nun noch das neunte Feld offen, das Feld der Mitte, das der universellen Energie des Lebens zugeordnet wird. So wird es oft »Tai Chi« (höchste Energie) genannt oder mit dem Symbol von Yin und Yang versehen.

Geld und Erfolg	Freude und Spiritualität	Partnerschaft und Ehe
Familie und Gesundheit	Tod und Wandlung	Kinder und Kreativität
Weisheit	Lebensweg	Freundschaft und Mitgefühl

Das Leben verändert und entwickelt sich. Das Einzige, was dabei wirklich beständig ist, ist der Wandel. Altes zerbricht und vergeht und Neues entsteht. Wir werden geboren und wir sterben, wir kommen in diese Welt und wir gehen wieder. Nichts, was wir tun, haben wir unter Kontrolle, und nie haben wir die Garantie, dass es morgen so sein wird, wie wir es uns wünschen. Pläne können belanglos werden, weil der Tod oder Katastrophen in unser Leben treten. Große Not kann sich plötzlich wenden, weil wir Liebe erfahren oder weil ein Wunder geschieht.

Wandlung tritt dann ein, wenn ein System an seine Grenzen kommt. So ist es auch jetzt: Wenn alles gesagt ist, was zu sagen ist, fängt die eigentliche Aufgabe erst an. Gute Ratschläge nutzen eine Zeit lang und können unser Leben erleichtern. Dann steht es aber an, eigene Erfahrungen zu machen und eigene Antworten zu finden.

Wir können uns auf Veränderungen vorbereiten und ihnen freudig begegnen. Und wir können uns entscheiden, ob wir eine Haltung der Liebe oder der Angst einnehmen.

Eckart Tolle (siehe Literaturtipps) schreibt dazu: »Angst scheint viele Ursachen zu haben. Angst vor Verlust, Angst vor Versagen, Angst vor Verletzung und so weiter, aber letztendlich ist jede Angst die Angst des Ego vor dem Tod, vor der Vernichtung … Wenn du dich mit einer Verstandesposition identifizierst und dann im Unrecht bist, wird sich dein auf den Verstand gegründetes Selbstgefühl ernsthaft von der Vernichtung bedroht fühlen. Du als Ego kannst es dir also nicht leisten, Unrecht zu haben. Unrecht zu haben bedeutet zu sterben. Darüber sind Kriege geführt worden, und zahllose Beziehungen sind daran gescheitert. Sobald du dich von deinem Verstand getrennt hast, macht es für dein Selbstgefühl keinen Unterschied mehr, ob du im Recht oder im Unrecht bist.«

Unser Leben beginnt ja mit dem dramatischen, schmerzvollen und blutigen Akt der Geburt, erfährt über Kinderkrankheiten, Trennungserfahrungen und Entwicklungskrisen seine Reifung und endet mit dem Tod. So könnte man diese Welt schon als einen Ort des Leidens und der Schmerzen sehen. Aber ist nicht alles auch ein wunderbarer Weg der Entfaltung, auf dem sich ruhige Zeiten mit gewaltigen abwechseln, in denen unser Leben sich auf immer höhere Ebenen schwingt?

Die universelle Lebensenergie treibt die Welt und jedes einzelne Leben an. Es ist günstig, diesem Prozess offen mit einem »Ja« zu begegnen. Dies entspannt und macht manchen Wandel leichter. Wenn wir zu lange am Alten festhalten, staut sich die Energie, bahnt sich einen mühsamen und langwierigen oder dramatisch-gewaltvollen Weg. Dies kann sich dann in Depressionen, Krankheiten, Unfällen, plötzlichen Trennungen und anderen Verlusten zeigen.

Das Alte ist nicht schlecht gewesen, es hat seinen Sinn gehabt. Irgendwann war es ja neu und frisch, hat uns belebt und Erfolg gebracht. Später spürten wir dann, dass etwas langweilig wurde oder nicht mehr recht funktionierte. Dann war es an der Zeit, loszulassen und auch zu akzeptieren, dass man noch nicht wusste, was werden wollte. Ist es nicht überhaupt bei jedem Schritt so, den wir gehen? Zuerst stehen wir mit beiden Beinen fest auf dem Boden, dann bewegen wir uns, heben den einen Fuß, sind für den Bruchteil einer Sekunde schwankend und finden erst mit dem Aufsetzen wieder festen Halt. So geht unser Leben immer weiter: sich sicher fühlen, sich unsicher fühlen, sich sicher fühlen, sich unsicher fühlen ... Und erinnern wir uns an das, was im Abschnitt »Schritt für Schritt« steht: »Der Prozess der Entwicklung läuft fast immer gleich ab, und es ist gut zu wissen, dass nach der Verwirrung die Lösung kommt. Das Einzige, was die Erlösung verhindern kann, ist Stehenbleiben.«

Wirkliche Sicherheit finden wir nicht in der materiellen Welt. Sicherheit gewinnen wir nur, wenn wir die Unsicherheit als Teil des Lebens akzeptieren. Sicherheit gewinnen wir, wenn wir dem Leben vertrauen und unsere Krisen als Wachstumsaufgaben sehen. Was will werden? Wohin können wir uns entwickeln? Was ist in unserem Leben nicht im Gleichgewicht? Was kommt nach dem Schmerz, den ich jetzt spüre?

Trauern wir ruhig um das, was wir loslassen müssen. Geben wir uns die Zeit, die wir brauchen, und wenden wir uns danach dem Neuen zu. Lassen wir uns dabei von Gottes Reich, vom Gleichgewicht des Yin und Yang, dem universellen Geist leiten. Stellen wir unsere begrenzte menschliche Sicht ein wenig hinten an. Dann wird sich alles in Wohlgefallen fügen. So wie das »Vaterunser« der christlichen Tradition schon sagt: »*Dein* Reich komme, *dein* Wille geschehe, wie im Himmel, so auch auf Erden.«

Mit unserem Willen und unserem Ego haben wir auf manches Einfluss. Es ist verführerisch, Macht, Erfolg, Geld, Zuwendung oder Sex zu erzwingen, sich damit sogar der Illusion hinzugeben, den Wandlungen des Lebens und den damit verbundenen Leiden zu entgehen.

So ist das Ego wie der mythische Teufel, der um den Preis einer Menschenseele etwas erschaffen kann und zu großen Erfolgen kommt. Und dies alles, um die Angst und den Schmerz, nicht in der Liebe zu sein, zu betäuben. Statt sich nun – was ja nahe liegend wäre – in der Liebe zu üben, wendet man sich der Ausübung von Macht zu und behindert Harmonie und Gleichgewicht in der Welt. Glücklicher wird man damit nicht. Irgendwann – spätestens mit dem Tod – brechen diese Willensakte zusammen. Wir werden erkennen, dass wir unser Menschenleben nicht so erfolgreich genutzt haben. Auch nicht schlimm, aber doch ein bisschen schade.

Von diesem Ego haben sich Buddha, Lao-tse, Jesus und viele andere befreit. Auch wir könnten das, denn auch wir sind Göttinnen und Götter und eins mit dem großen Ganzen. Unsere Körper und unsere Welt sind Tod und Wandlung unterworfen, unsere Seelen jedoch sind ewig und zeitlos. Wenn wir unser Ego lassen und Gottes Reich erkennen, können wir erschaffen, auch ohne das Gleichgewicht der Welt zu stören. Wir werden dann das unterstützen, was ohnehin werden will. Damit helfen wir uns und unseren Mitmenschen, vertrauensvoller, liebevoller und gelassener zu sein.

So werden wir in unserem Leben immer wieder an Grenzen stoßen. Immer sind dies Grenzen, an denen unser Verstand, unser Ego nicht mehr weiterweiß. Wir erschrecken und erfahren Angst, erleben Krankheit und Lebenskrisen. Lösung und Erlösung geschehen erst dann, wenn unser Verstand aufgibt und unser Ego überwunden wird. Wir machen einen Sprung in den Fluss des Lebens und fügen uns dem, was größer und weiser ist als wir.

Der Tod des Ego ist die große Wandlung des Lebens, die Wandlung eines mehr oder weniger angstvollen und anstrengenden In-die-Welt-geworfen-Seins zu einem liebevollen und fröhlichen einfach Da-Sein. Auch wenn unser Verstand es immer wieder zur Seite schiebt: In all unseren wichtigen Entwicklungen sind wir zumindest eine kurze Zeit in dieser erlösten Welt jenseits des Ego und Verstandes gewesen. Wir können uns merken, dass sich jede Krise nur löst, wenn wir diesen heiligen und heilenden Raum betreten.

Byron Katie schreibt ganz lebenspraktisch dazu: »Was ist, ist. Ich habe einfach aufgehört, mich mit der Realität anzulegen. Woher weiß ich, dass der Wind wehen sollte? Er weht. Woher weiß ich, dass dies die höchste Ordnung ist? Es geschieht gerade. Mich mit dem anzulegen, was ist, wäre wie der Versuch, einer Katze das Bellen beizubringen. Hoffnungslos!

Ich weiß, dass die Realität gut ist, wie sie ist, weil ich Spannung und Frustration erlebe, wenn ich mich mit ihr anlege. Es fühlt sich nicht natürlich oder harmonisch an. Wenn ich diese Tatsache erkenne, wird mein Handeln klar, liebevoll, furchtlos, einfach, fließend und mühelos.«

Der kluge Rat

36. Immer wenn Sie in Krisen kommen, können Sie davon ausgehen, dass sich etwas in Ihrem Leben wandeln will. Mit Ihrem Verstand, Ihrem Willen, Ihrem Ego kommen Sie jetzt nicht weiter. Etwas Neues will sich entwickeln, etwas, das Sie so noch nicht kennen. Entspannen Sie sich und vertrauen Sie dem Entwicklungsprozess des Lebens. Machen Sie nur das, was notwendig ist, jedoch mit Liebe und Aufmerksamkeit. Geben Sie sich viel Zeit und Ruhe und erfreuen Sie sich an den kleinen Dingen des Lebens. Sprechen Sie über Ihre Gefühle, halten Sie aber nicht an Problemen fest. Erzwingen Sie nichts und öffnen Sie sich für das, was werden will.

Literaturtipps

Byron Katie: *The Work of Byron Katie*. Manhattan Beach 2000 (Selbstverlag)

Dahlke, Ruediger: *Lebenskrisen als Entwicklungschancen*. München 1999

Dalai Lama: *Die Freude, friedvoll zu leben und zu sterben*. München 1998

Kübler-Ross, Elisabeth: *Das Rad des Lebens*. Autobiografie. München 2000

Staemmler, Frank-M./Bock, Werner: *Ganzheitliche Veränderung in der Gestalttherapie*. Wuppertal 1998

Tolle, Eckart: *Jetzt – Die Kraft der Gegenwart*. Bielefeld 2001

Website Sterbebegleitung: www.hospize.de

Kurz und gut

Hier haben wir aus dem *Schlauen Buch* das zusammengefasst, was Ihnen in schwierigen Situationen weiterhelfen kann.

1. Machen Sie das, was not-wendig ist, was also die Not wenden kann: Handeln Sie ruhig und besonnen, atmen Sie tief durch. Begrenzen Sie weiteren Schaden. Leisten oder holen Sie Hilfe.

2. Das Leben meint es gut mit Ihnen. Das, was Ihnen gerade widerfährt, hat einen Sinn und dient Ihrer persönlichen Entwicklung und Ihrem Wachstum. Denken Sie positiv und fragen Sie sich: Wohin sollen mich diese Erfahrungen führen?

3. Tragen Sie Verantwortung für Ihre Situation. Andere mögen diese Ereignisse ausgelöst haben – machen Sie sich aber nicht zum Opfer dieser äußeren Umstände. Sie sind gefragt, für diese Situation eine Antwort zu finden. Bleiben Sie jedoch bei sich, versuchen Sie nicht, Probleme zu lösen, für die Sie nicht zuständig sind.

4. Leben Sie im Hier und Jetzt. Hören Sie auf, sich über Vergangenes schlechte Gefühle zu machen, und vergessen Sie auch Ihre Zukunftssorgen. Atmen Sie tief und gehen, stehen, sitzen oder liegen Sie so, dass Sie guten Bodenkontakt haben. Fühlen Sie die Erde unter sich.

5. Folgen Sie Ihren Gefühlen und Impulsen. Gehen Sie dahin, wohin es Sie zieht. Sagen Sie ja zu den Angeboten,

die das Leben Ihnen macht. Leben Sie Ihr Leben und nicht das, was andere von Ihnen erwarten.

6. Seien Sie dankbar für Ihr Leben, die Menschen, die in Ihr Leben treten und all die Dinge, die Sie täglich geschenkt bekommen. Richten Sie Ihren Blick auf das, was Sie haben, und nicht auf das, was Ihnen fehlt.

7. Gefühle kommen und gehen. Sie ziehen wie Wolken an uns vorbei und wechseln sich wie Sonne und Regen ab: Sie erleichtern sich schwierige Situationen, wenn Sie Ihre Gefühle zulassen und spüren, was im Augenblick ist. Fühlen Sie intensiv und lassen Sie Ihre Stimmungen dann wieder los. Verdrängen und Festhalten erzeugen Leid, ebenso wie in Schmerz und Selbstmitleid zu versinken.

8. Führen Sie ein einfaches Leben, kümmern Sie sich nur um die notwendigen Dinge Ihres Alltags und das, was Ihnen besondere Freude macht. Der Rest kann warten. Essen, trinken, schlafen Sie genug und bewegen Sie sich ausreichend und im rechten Maß.

9. Erinnern Sie sich daran: Sie können in Ihrem Leben nichts falsch machen. Alles, was Sie tun, fördert auf irgendeine Art und Weise Ihre Entwicklung: Sie dürfen sich entspannen. Sie haben in der Vergangenheit nichts falsch gemacht. Jetzt können Sie einfach das tun, was Sie anzieht. Sie brauchen sich keine Sorgen zu machen, ob Ihre Entscheidungen richtig oder falsch sind. Jeder Zug, den Sie im Leben machen oder lassen, hat zwar Konsequenzen, aus denen Sie jedoch genau das lernen, was Sie brauchen, um *Ihre* Lebenserfahrung zu erlangen.

10. Es gibt viele Möglichkeiten, sich des Lebens zu freuen. Oft sind dies dann auch geeignete Maßnahmen, um sich in schwierigen Zeiten zu stabilisieren: einen Freund, eine Freundin besuchen, sich aussprechen, Liebe machen, in der Natur spazieren gehen, Rad fahren, Sport treiben, tanzen, singen, Musik hören oder machen, malen, Tagebuch schreiben, an einen heiligen Platz gehen, beten, um Hilfe bitten, meditieren, einen Ausflug machen, auf Reisen gehen, ein Seminar besuchen, einen netten Film im Kino anschauen, ein schönes Buch lesen oder einfach nur mal lange ausschlafen. Alles, was Sie erdet, tut gut – das kann auch ganz normale Arbeit oder ein Hausputz sein.

11. Ihr eigener Tipp:

_____

_____

_____

_____

_____

_____

Telefon- und Internet-Kontakte

Gebührenfreie Telefonseelsorge:
  08 00/1 11 01 11 (evangelischer Träger)
  08 00/1 11 02 22 (katholischer Träger)
  www.telefonseelsorge.de

Anhang

Das Bagua

Wenn man Orientierung sucht, braucht man ein System, mit dem man strukturieren und sortieren kann. Wir haben uns dazu in der chinesischen Philosophie umgesehen. Warum gerade hier? Die Chinesen sind ein sehr praktisches Volk. Es interessiert sie weniger, was nach dem Leben passieren könnte. Sie leben in dieser Welt und möchten sich diese so angenehm wie irgend möglich machen. Dazu haben sie Jahrtausende geforscht, gesucht und auch vieles gefunden, was das menschliche Leben lang und gesund erhält sowie Zufriedenheit ermöglicht.

Allerdings muss man einschränken, dass dieses Wissen und die Möglichkeit es einzusetzen, überwiegend den Herrschern, den Familienvorständen, den Männern und ihren Söhnen zu Gute kam. Zum Glück ändern sich die Zeiten, und so steht dieses Know-how heute uns allen zur Verfügung. Wir müssen es nur aufgreifen und anwenden.

Als Gliederungsgrundlage haben wir das »Bagua«, das Schema der acht Lebensthemen, gewählt. Es leitet sich aus dem *Buch der Wandlungen,* dem *I Ging* ab, das im ersten Jahrtausend vor unserer Zeitrechnung entstand und die chinesische Kultur maßgebend geprägt hat. Dieses Muster ist durch die Gestaltungslehre des Feng Shui inzwischen auch bei uns im Westen bekannt worden.

DER WIND Geld und Erfolg	DAS FEUER Freude und Spiritualität	DIE ERDE Partnerschaft und Ehe
DER DONNER Familie und Gesundheit	DAS GROSSE GANZE Tod und Wandlung	DER SEE Kinder und Kreativität
DER BERG Weisheit	DAS WASSER Lebensweg	DER HIMMEL Freundschaft und Mitgefühl

Wenn wir nun beim Lebensweg beginnen und das Bagua, die acht äußeren Themenfelder, im Uhrzeigersinn betreten, gelangen wir zu der Gliederung, wie wir sie für das *Schlaue Buch* gewählt haben.

Dabei haben wir die Themen »Weisheit« (innere Haltung, äußere Haltung) und Gesundheit (Ernährung, Umwelt, Bewegung, Heilung) weiter unterteilt. Beim Thema »Freude und Spiritualität« haben wir nur die Spiritualität behandelt, denn Freude ist ein Thema, das sich im ganzen Buch, auf alle Kapitel verteilt, wiederfindet. Das Kapitel

»Liebe und Angst« haben wir mit seinen grundsätzlichen Aussagen allen anderen Themen vorgeschaltet.

Zum Schluss betreten wir das neunte Feld, das »Tai Chi«, das große Ganze, das wir »Tod und Wandlung« genannt haben, inspiriert durch den deutschen Titel des *I Ging: Das Buch der Wandlungen*.

So erfahren wir in unserem Leben mehrere große Wandlungen (beispielsweise Geburt, Pubertät, Heirat, Wechseljahre, Tod). In den Zeiten zwischen diesen Übergängen machen wir unsere Erfahrungen in den acht Lebensbereichen. In dem Prozess der Wandlung wird dann das Alte durcheinander geworfen und neu geformt, sodass wir danach den Kreislauf wieder von vorn beginnen und die Welt auf einer höheren Ebene von einem neuen Standpunkt aus betrachten.

Literaturtipp

Spear, William: *Die Kunst des Feng Shui*. München 1996

Feng-Shui-Richtungen

In der folgenden Tabelle werden, abhängig vom Geburtsjahr und Geschlecht, die Hauptrichtungen der Feng-Shui-Lehre angegeben. Diese Ausrichtungen gelten als kraftvoll, man sollte mit dem Kopf in eine dieser Richtungen liegend schlafen und beim Arbeiten, Essen oder Zusammensitzen dorthin blicken. Der Ostgruppe sind der Osten, Süden, Norden und Südost zugeordnet, der Westgruppe der Westen, Südwest, Nordwest und Nordost. Wir haben die Erfahrung gemacht, dass diese Ausrichtungen für viele Menschen stimmig sind. Zusätzlich zu den Jahreszahlen wird die chinesische Jahresbezeichnung als Element-Tier-Paar genannt. Wenn Sie vor dem angegebenen Datum des chinesischen Jahresanfangs geboren sind, gelten für Sie die Angaben des vorherigen Jahres.

Feng-Shui-Richtungen				
Jahr	*Beginn*	*Jahreszeichen*	*Mann*	*Frau*
1920	20.2.	Metall-Affe	West	West
1921	8.2.	Metall-Hahn	West	West
1922	28.1.	Wasser-Hund	West	Ost
1923	16.2.	Wasser-Schwein	West	Ost
1924	5.2.	Holz-Ratte	Ost	West
1925	25.1.	Holz-Büffel	Ost	Ost
1926	13.2.	Feuer-Tiger	West	Ost
1927	2.2.	Feuer-Hase	Ost	West
1928	23.1.	Erde-Drache	Ost	West

Jahr	Beginn	Jahreszeichen	Mann	Frau
1929	10.2.	Erde-Schlange	West	West
1930	30.1.	Metall-Pferd	West	West
1931	17.2.	Metall-Schaf	West	Ost
1932	6.2.	Wasser-Affe	West	Ost
1933	26.1.	Wasser-Hahn	Ost	West
1934	14.2.	Holz-Hund	Ost	Ost
1935	4.2.	Holz-Schwein	West	Ost
1936	24.1.	Feuer-Ratte	Ost	West
1937	11.2.	Feuer-Büffel	Ost	West
1938	31.1.	Erde-Tiger	West	West
1939	19.2.	Erde-Hase	West	West
1940	8.2.	Metall-Drache	West	Ost
1941	27.1.	Metall-Schlange	West	Ost
1942	15.2.	Wasser-Pferd	Ost	West
1943	5.2.	Wasser-Schaf	Ost	Ost
1944	25.1.	Holz-Affe	West	Ost
1945	13.2.	Holz-Hahn	Ost	West
1946	2.2.	Feuer-Hund	Ost	West
1947	22.1.	Feuer-Schwein	West	West
1948	10.2.	Erde-Ratte	West	West
1949	29.1.	Erde-Büffel	West	Ost
1950	17.2.	Metall-Tiger	West	Ost
1951	6.2.	Metall-Hase	Ost	West
1952	27.1.	Wasser-Drache	Ost	Ost
1953	14.2.	Wasser-Schlange	West	Ost
1954	3.2.	Holz-Pferd	Ost	West
1955	24.1.	Holz-Schaf	Ost	West
1956	12.2.	Feuer-Affe	West	West

Jahr	Beginn	Jahreszeichen	Mann	Frau
1957	31.1.	Feuer-Hahn	West	West
1958	18.2.	Erde-Hund	West	Ost
1959	8.2.	Erde-Schwein	West	Ost
1960	28.1.	Metall-Ratte	Ost	West
1961	15.2.	Metall-Büffel	Ost	Ost
1962	5.2.	Wasser-Tiger	West	Ost
1963	25.1.	Wasser-Hase	Ost	West
1964	13.2.	Holz-Drache	Ost	West
1965	2.2.	Holz-Schlange	West	West
1966	21.1.	Feuer-Pferd	West	West
1967	9.2.	Feuer-Schaf	West	Ost
1968	30.1.	Erde-Affe	West	Ost
1969	17.2.	Erde-Hahn	Ost	West
1970	6.2.	Metall-Hund	Ost	Ost
1971	27.1.	Metall-Schwein	West	Ost
1972	15.2.	Wasser-Ratte	Ost	West
1973	3.2.	Wasser-Büffel	Ost	West
1974	23.1.	Holz-Tiger	West	West
1975	11.2.	Holz-Hase	West	West
1976	31.1.	Feuer-Drache	West	Ost
1977	18.2.	Feuer-Schlange	West	Ost
1978	7.2.	Erde-Pferd	Ost	West
1979	28.1.	Erde-Schaf	Ost	Ost
1980	16.2.	Metall-Affe	West	Ost
1981	5.2.	Metall-Hahn	Ost	West
1982	25.1.	Wasser-Hund	Ost	West
1983	13.2.	Wasser-Schwein	West	West
1984	2.2.	Holz-Ratte	West	West

Jahr	Beginn	Jahreszeichen	Mann	Frau
1985	20.2.	Holz-Büffel	West	Ost
1986	9.2.	Feuer-Tiger	West	Ost
1987	29.1.	Feuer-Hase	Ost	West
1988	17.2.	Erde-Drache	Ost	Ost
1989	6.2.	Erde-Schlange	West	Ost
1990	27.1.	Metall-Pferd	Ost	West
1991	15.2.	Metall-Schaf	Ost	West
1992	4.2.	Wasser-Affe	West	West
1993	23.1.	Wasser-Hahn	West	West
1994	10.2.	Holz-Hund	West	Ost
1995	31.1.	Holz-Schwein	West	Ost
1996	19.2.	Feuer-Ratte	Ost	West
1997	7.2.	Feuer-Büffel	Ost	Ost
1998	28.1.	Erde-Tiger	West	Ost
1999	16.2.	Erde-Hase	Ost	West
2000	5.2.	Metall-Drache	Ost	West
2001	24.1.	Metall-Schlange	West	West
2002	12.2.	Wasser-Pferd	West	West
2003	1.2.	Wasser-Schaf	West	Ost
2004	22.1	Holz-Affe	West	Ost
2005	9.2.	Holz–Hahn	Ost	West

Der Fragebogen

1. Was musst du machen, damit es dir richtig schlecht geht?

2. Was kannst du tun, damit du unruhig und hektisch wirst?

3. Was kannst du machen, damit du träge oder depressiv wirst?

4. Was hilft dir, wenn du den Boden unter den Füßen verlierst?

5. Was hilft dir, wenn du nichts mehr spürst und dich in dieser Welt nicht aufgehoben fühlst?

6. Was sind deine Hausrezepte, die dir oft und sicher helfen?

7. Welche Art der Ernährung macht dir Spaß?

8. Welche Art der Ernährung tut dir besonders gut?

9. Welcher Sport, welche Bewegungsübung tun dir gut?

10. Wobei hast du dich schon überfordert und vielleicht verletzt?

11. Was hat dir geholfen, als mal alles oder ganz viel in deinem Leben zusammengebrochen ist?

12. Stell dir vor, du triffst einen weisen Bewohner eines anderen Sterns. Was würdest du ihm mit wenigen Worten sagen, worauf es in unserer Welt ankommt?

13. Deine wichtigsten Tipps für die Lebensfreude:

14. Deine wichtigsten Tipps zur Partnerschaft:

15. Deine wichtigsten Tipps zur Kindererziehung:

16. Deine wichtigsten Tipps zum Geldverdienen:

17. Deine wichtigsten Tipps für das persönliche Auftreten:

18. Hast du noch ein bis zwei Literaturempfehlungen?

19. Hier ist Platz für das, was du noch sagen möchtest und das bisher keinen Raum gefunden hat:

Auswertung des Fragebogens

Von den siebzig verschickten Fragebögen haben wir vierzig ausgefüllt zurückbekommen. Mit einem Rücklauf von fast 60 Prozent haben wir damit ein sehr gutes Ergebnis für unsere Stichprobenuntersuchung. Es haben ungefähr gleich viel Frauen wie Männer geantwortet. Die Altersgruppe, die wir angesprochen haben, lag zwischen 30 und 78 Jahren mit einem deutlichen Schwerpunkt um die 40 bis 55. Jüngere, vor allem Jugendliche, sprach der Fragebogen nicht an. Einige Befragte berichteten, dass sie den Fragebogen für ihre persönliche Entwicklung nutzen konnten.

Für die Auswertung haben wir die ersten fünf Fragen betrachtet. Dabei haben wir die Fragen 1 bis 3 sowie 4 und 5 zusammengefasst. Eine weiter gehende Auswertung wäre zu komplex und zu unübersichtlich geworden. Bei der Auswertung sind Doppelnennungen möglich.

Was musst du machen, damit es dir schlecht geht?

Hier ergab sich ein beeindruckend eindeutiges Ergebnis. Fast jeder Antwortbogen nannte: »sich schlechte Gedanken machen« und/oder »sich zu viel vornehmen«. Im Einzelnen:

- sich schlechte Gedanken machen   25 Antworten
- sich zu viel vornehmen   25 Antworten
- zu viel und Schlechtes zu sich nehmen
  (Alkohol, Zigaretten, fettiges Essen usw.) 15 Antworten

- nicht auf sich hören
  (sich einigeln, falschen Umgang pflegen,
  gegen seine innere Stimme anderen zu
  Gefallen sein)   12 Antworten
- wichtige Dinge unerledigt lassen   8 Antworten

Was kannst du machen, damit es dir (wieder) gut geht?

Auch hier waren die Antworten sehr eindeutig, aber etwas weiter gestreut. Sehr oft wurden genannt: »sich bewegen (Sport, Spaziergänge vor allem in der Natur, Tanzen usw.)«, »Kontakt aufnehmen (Freunde besuchen, sich aussprechen, sich in den Arm nehmen)«, »Ruhe finden (Ausschlafen, Meditieren)«. Im Einzelnen:

- sich bewegen   25 Antworten
- Kontakt aufnehmen   20 Antworten
- Ruhe finden   18 Antworten
- seinen Körper fühlen
  (Massage, Reiki, Tai Chi,
  bewusst atmen, Bodenkontakt usw.)   13 Antworten
- kreative Tätigkeiten
  (malen, schreiben, singen, musizieren,
  kochen und lecker essen)   10 Antworten
- sich verbinden (beten, sein Herz fühlen,
  vergeben, lieben, dankbar sein)   8 Antworten
- fühlen, gelassen bleiben, abwarten   8 Antworten
- an schöne Dinge denken   7 Antworten
- Musik hören   5 Antworten
- ein warmes Bad nehmen   5 Antworten

Literaturverzeichnis

Anand, Margot: *Tantra oder die Kunst der sexuellen Ekstase.* München 1986

Anthony, Carol K.: *Handbuch zum klassischen »I Ging«.* München 1989

Autry, James A./Mitchel, Stephen: *Die Illusion der Kontrolle. Das Tao Te King für Führungskräfte.* Bern 1999

Bach, Edward/Petersen, Jens-Erik: *Heile dich selbst mit den Bachblüten.* München 1988

Bach, Richard: *Die Möwe Jonathan.* Berlin 1972

Bach, Richard: *Illusionen.* Berlin 1991

Bhagwan Shree Rajneesh (Osho): *Kunst kommt nicht von Können.* Köln 1985

Die Bibel, Neues Testament: Matthäus-Evangelium: 6, 25–34: Sorgen; 7, 1–6: Bewerten; 7, 7–11: Bitten; 13, 1–23: Gleichnis vom Sämann

Biddulph, Steve: *Das Geheimnis glücklicher Kinder.* München 1998

Birkenbihl, Vera F.: *Kommunikationstraining. Zwischenmenschliche Beziehungen erfolgreich gestalten.* München 2000

Boerner, Moritz: *Byron Katies The Work: Der einfache Weg zum befreiten Leben.* München 1999

Byron Katie: *The Work of Byron Katie.* Manhattan Beach 2000 (Selbstverlag)

Caddy, Eileen: *Herzenstüren öffnen.* Gutach im Breisgau 1989

Cameron, Julia: *Der Weg des Künstlers.* München 2000

Canfield, Jack/Hansen, Mark Victor: *Hühnersuppe für die Seele. Geschichten, die das Herz erwärmen.* München 1996

Carr, Allen: *Endlich Nichtraucher! Der einfache Weg, mit dem Rauchen Schluss zu machen.* München 1998

Castaneda, Carlos: *Das Rad der Zeit – Das Vermächtnis des Don Juan.* Frankfurt am Main 2001

Corazza, Verena, u. a.: *Kursbuch Gesundheit.* Köln 2001

Csikszentmihalyi, Mihaly: *Lebe gut. Wie Sie das Beste aus Ihrem Leben machen.* München 2001

D'Adamo, Peter J./Whitney, Catherine: *4 Blutgruppen. Vier Strategien für ein gesundes Leben.* München 2001

Dahlke, Ruediger: *Lebenskrisen als Entwicklungschancen.* München 1999

Dahlke, Ruediger/Ehrenberger Doris: *Wege der Reinigung. Entgiften – Entschlacken – Loslassen.* München 2000

Dalai Lama: *Die Freude, friedvoll zu leben und zu sterben.* München 1998

Dethlefsen, Thorwald: *Schicksal als Chance. Das Urwissen zur Vollkommenheit des Menschen.* München 1998

Dethlefsen, Thorwald/Dahlke, Ruediger: *Krankheit als Weg.* München 2001

DGE (Deutsche Gesellschaft für Ernährung): *10 Regeln der DGE für eine vollwertige Ernährung.* 2000. www. dge.de

Erb, Helmut H.: *Gewalt in der Schule und wie du dich dagegen wehren kannst.* Wien 2001

Ernst, Andrea, u. a.: *Kursbuch Kinder.* Köln 2001

Fromm, Erich: *Die Kunst des Liebens.* München 2000

Füsser, Klaus/Hölzer, Inga: *Feng Shui Kalender. Harmonisch Leben und Wohnen.* München 2000 ff.

Gibran, Khalil: *Der Prophet.* Düsseldorf 2001

Glasenapp, Helmuth von: *Die fünf Weltreligionen.* München 2001

Goleman, Daniel/Kaufmann, Paul/Ray, Michael: *Kreativität entdecken.* München 1999

Gordon, Thomas: *Die Neue Familienkonferenz.* Hamburg 1993

Gray, John: *Mars, Venus und Eros. Männer lieben anders. Frauen auch.* München 1999

Hay, Louise L.: *Gesundheit für Körper und Seele.* München 1998

Hazelden Meditationsbuch: *Berührungspunkte – Tägliche Meditationen für Männer.* München 1988

Hazelden Meditationsbuch: *Jeder Tag ein neuer Anfang – Tägliche Meditationen für Frauen.* München 1988

Hellinger, Bert/Hövel, Gabriele ten: *Anerkennen, was ist. Gespräche über Verstrickung und Lösung.* München 1996

Hesse, Hermann: *Siddhartha – Eine indische Dichtung.* Frankfurt am Main 1973

Jampolsky, Gerald G.: *Lieben heißt die Angst verlieren.* München 1996

Jordan, Harald: *Kleidung – wie sie schützt und stärkt.* Freiburg 2001

Jordan, Harald: *Räume der Kraft schaffen.* Freiburg 1997

Kammerer, Dorothea, u. a.: *Sanfte Medizin.* München 2001

Kaptchuk, Ted J.: *Das große Buch der chinesischen Medizin.* München 2001

Kelder, Peter: *Die Fünf »Tibeter«*. München 1999

Keudel, Helmut: *Kinderkrankheiten*. München 2000

Kingston, Karen: *Feng Shui gegen das Gerümpel des Alltags*. Reinbek 2000

Körner, Heinz: *Johannes*. Fellb 2000

Koneberg, Ludwig/Förder, Gabriele: *Kinesiologie für Kinder*. München 1999

Kostolany, André: *Die Kunst, über Geld nachzudenken*. München 2000

Kübler-Ross, Elisabeth: *Das Rad des Lebens. Autobiografie*. München 2000

Lad, Vasant: *Das Ayurveda-Heilbuch*. Aitrang 2001

Lam Kam Chuen: *Chi Kung. Weg der Heilung*. Sulzberg 1999

Langbein, Kurt/Mühlberger, Manfred/Skalnik, Christian: *Kursbuch Lebensqualität*. Köln 1995

Lao-tse: *Tao Te King. Das Buch vom Weg des Lebens*. Bergisch Gladbach 1999

Leboyer, Frederick: *Geburt ohne Gewalt*. München 1999

Leboyer, Frederick: *Sanfte Hände. Die traditionelle Kunst der indischen Baby-Massage*. München 2000

LeGuin, Ursula K.: *Erdsee*. München 1999

Lerner, Michael: *Krebs – Wege zur Heilung*. München 2000

Lidell, Lucinda, u. a.: Massage. *Anleitung zu östlichen und westlichen Techniken*. München 1992

Lowen, Alexander: *Bioenergetik*. Reinbek 1989

Lützner, Hellmut: *Wie neugeboren durch Fasten*. München 1999

Meister Ryokan: *Alle Dinge sind im Herzen*. Freiburg 1999

Moeller, Michael Lukas: *Die Wahrheit beginnt zu zweit. Das Paar im Gespräch*. Reinbek 1992

Mohr, Bärbel: *Bestellungen beim Universum*. Düsseldorf 2000

Mylius, Klaus: *Die Bhagavadgita. Des Erhabenen Gesang*. München 1997

Orman, Suze: *Trau dich, reich zu werden*. Frankfurt am Main 2000

Orsborn, Carol: *Wie mit Konfuzius die Karriere gelingt*. Freiburg 2001

Osho: *Intelligenz des Herzens*. Köln 1996

Osho: *Leben, Lieben, Lachen*. Wien 1999

Palmer, Harry: *Resurfacing – Wiederauftauchen*. Bielefeld 1998

Pease, Allan und Pease, Barbara: *Warum Männer nicht zuhören und Frauen schlecht einparken*. München 2001

Perls, Fritz: *Grundlagen der Gestalt-Therapie*. München 1992

Phillips, Michael: *Die Sieben Gesetze des Geldes*. Bern 1998

Redfield, James: *Die Prophezeiungen von Celestine*. München 1994

Richardson, Diana (Puja): *Zeit für Liebe. Sex, Intimität und Ekstase in Beziehungen*. Köln 2001

Riemann, Fritz: *Grundformen der Angst*. München 2000

Roeck, Bruno-Paul de: *Gras unter meinen Füßen*. Reinbek 1992

Russell, Stephen: *Der Barfußdoktor. Handbuch für den gewitzten Stadtkrieger*. Reinbek 2000

Satir, Virginia, u. a.: *Das Satir-Modell. Familientherapie und ihre Erweiterung*. Paderborn 1995

Sator, Günther: *Feng Shui – Die Kraft der Wohnung entdecken und nutzen*. München 1998

Schäfer, Bodo: *Der Weg zur finanziellen Freiheit*. Frankfurt am Main 2000

Schiffer, Eckhard: *Warum Huckleberry Finn nicht süchtig wurde. Anstiftung gegen Sucht und Selbstzerstörung bei Kindern und Jugendlichen*. Weinheim 1999

Schmidt, Sigrid: *Bach-Blüten für Kinder*. München 1999

Schössler, Christof/Frühschütz, Leo: *Öko-Investment*. München 2001

Schrott, Ernst: *Ayurveda – Jugend und Gesundheit ein Leben lang*. München 1997

Schulz von Thun, Friedemann: *Miteinander reden. Störungen und Klärungen*. Reinbek 1981

Smothermon, Ron: *Das Mann/Frau Buch. Die Transformation der Liebe*. Bielefeld 1998

Shaw, Leonard: *Lieben und Vergeben*. Riethenberghausverlag 1996

Sivananda Yoga Zentrum: *Yoga*. München 2000

Sommer, Sven: *Homöopathie für den Hausgebrauch*. München 1996

Spear, William: *Die Kunst des Feng Shui*. München 1996

Staemmler, Frank-M./Bock, Werner: *Ganzheitliche Veränderung in der Gestalttherapie*. Wuppertal 1998

Strunz, Ulrich: *Forever young – Das Leicht-Lauf-Programm*. München 2001

Stumpf, Werner: *Homöopathie. Anleitung zur Selbstbehandlung*. München 2000

Temelie, Barbara: *Ernährung nach den Fünf Elementen*. Sulzberg 1999

Thich Nhat Hanh: *Schritte der Achtsamkeit*. Freiburg 2000

Tolle, Eckart: *Jetzt – Die Kraft der Gegenwart.* Bielefeld 2001

Tolle, Eckart: *Leben im Jetzt.* München 2002

Troll, Pyar: *Reise ins Nichts. Geschichte eines Erwachens.* Bielefeld 2000

Valentin, Lienhard: *Mit Kindern neue Wege gehen. Erziehung für die Welt von morgen.* Reinbek 2000

Waesse, Harry: *Yoga für Anfänger.* München 1999

Walsch, Neale Donald: *Gespräche mit Gott.* Band 1–3. München 1997, 1998

Walsch, Neale Donald: *Ich bin das Licht.* Freiburg 1999

Wansch, Franz: *Wohnen mit Körper, Geist und Seele.* Reinbek 1989

Watzlawick, Paul: *Anleitung zum Unglücklichsein.* München 1984

Watzlawick, Paul/Weakland, John/Fisch, Richard: *Lösungen. Zur Theorie und Praxis menschlichen Wandels.* Bern 1992

Weber, Gunthard (Hrsg.): *Zweierlei Glück. Die systemische Psychotherapie Bert Hellingers.* Heidelberg 1995 (Taschenbuchausgabe: München 2002)

Wetering, Janwillem van de: *Inspektor Saitos kleine Erleuchtung.* Reinbek 1986

Wilber, Ken: *Eine kurze Geschichte des Kosmos.* Frankfurt am Main 1997

Wilhelm, Richard: *I Ging. Das Buch der Wandlungen.* Bergisch Gladbach 2001

Wolf, Ulrich/Neumann, Bernd: *Das Antistress Buch.* München 2001

Zöller, Josephine: *Das Tao der Selbstheilung – Die Kunst der Meditation in der Bewegung.* Berlin 1994

CDs

Weber, Bruce/Fried, Claudia: *Mantras der Welt*. München 2001
Marshall, Henry/Playshop Family: *Mantras – Magische Gesänge der Kraft*. Freiburg im Breisgau 1992
Osho/Deuter: *Osho Kundalini*. USA 2000 (Einstündige Meditation mit aktiven und tänzerischen Phasen sowie Abschnitten der Stille)

Websites

- Adressen von Jugend- und Eheberatungsstellen: www.dajeb.de
- Allgemeine Information über Geldanlagen: www.fool.de
- Anonyme Alkoholiker: www.anonyme-alkoholiker.de
- Information über Drogen: www.dhs.de
- Informationen zur Ernährung:www.dge.de
- Informationen zu Krankheiten und Behinderungen von Kindern und Jugendlichen: www.kindernetzwerk.de
- Informationen zu Gesundheit und Sexualität: www.netdoktor.de
- Kinderschutzbund: www.dksb.de
- Kursangebote: www.vhs.de
- Lernschwierigkeiten und anderes: www.schulpsychologie.de
- Partnerschaftsberatung: www.profamilia.de
- Schwangerschaftsberatung: www.profamilia.de
- Seelsorge: www.telefonseelsorge.de
- Spenderberatung: www.dzi.de (Deutsches Zentralinstitut für soziale Fragen)
- Spenden per Mausklick: www.thehungersite.com (für jeden Mausklick auf dieser Seite zahlt ein dort werbendes Unternehmen einen bestimmten Betrag, der dem UN-Welternährungsprogramm zu Gute kommt)
- Spirituelle Lehrer:
  Brant Secunda: www.shamanism.com
  Byron Katie: www.thework.org
  Eli Jaxon-Bear: www.leela.org
  Gangaji: www.gangaji.org
  Isaac Shapiro: www.bigfoot.com/~isaacshapiro
  Mutter Meera: www.mothermeera.com
  Paul Lowe: www.ineachmoment.com

Pyar Troll: www.pyar.de
Samarpan: www.samarpan.de
Thich Nhat Hanh: www.plumvillage.org
- Spirituelle Zentren:
Schottland: www.findhorn.org
Kalifornien: www.esalen.org
Poona, Indien: www.osho.com
- Sterbebegleitung: www.hospize.de
- Tantraseminare für Paare: www.love4couples.com (Puja und Raja)
- Umweltlexikon: www.katalyse.de
- Vermittlung von Patenkindern: www.plan-international.de,
www.sos-kinderdoerfer.de

Telefonkontakte
- Gebührenfreie Telefonseelsorge:
08 00/1 11 01 11 (evangelischer Träger)
08 00/1 11 02 22 (katholischer Träger)
- Gebührenfreies Sorgentelefon für Kinder und Jugendliche:
08 00/1 11 03 33 (Mo. bis Fr. 15 bis 19 Uhr)

Ausführliches Inhaltsverzeichnis

284

GANZHEITLICH HEILEN
GOLDMANN

Wohlbefinden für Körper, Geist & Seele

Patrick Holford
Optimale Ernährung   14174

Gisela Finke,
Pflanzen für die Seele   14169

Ruediger Dahlke,
Bewusst fasten   13900

Margret Madejsky,
Alchemilla   14191

Goldmann • Der Taschenbuch-Verlag